Uwe Böschemeyer

Dein Unbewußtes weiß mehr, als du denkst

Uwe Böschemeyer

Dein Unbewußtes weiß mehr, als du denkst

Imagination als Weg zum Sinn

Herder
Freiburg · Basel · Wien

INHALT

Anhang

EINFÜHRUNG

Kein wacher Mensch dieser Zeit zweifelt daran, daß die Fähigkeit der Menschen, sinnvoll leben, lieben und leiden können, nicht zu-, sondern eher abnimmt. Gemeint ist weniger die Zunahme seelischer Störungen, mehr das allgemein zu beobachtende Phänomen, daß viele offensichtlich größte Schwierigkeiten haben, ein starkes Ja zum Leben, zum eigenen und zum Leben überhaupt, finden zu können. Woran liegt das?

Ganz sicher löst die stark *bedrohte Natur*, die ja die Basis des Lebens ist, viel Angst aus. Und je stärker die Angst die Seele einengt, desto mehr schwindet die Fähigkeit zur Gestaltung von Leben. Ganz sicher wird die Fähigkeit zu leben auch dadurch behindert, daß die Flut der dinglichen und (pseudo-)geistigen *Angebote* ein solches Maß erreicht hat, daß viele Zeitgenossen kaum noch wissen können, was für sie wichtig ist und was nicht. Ganz sicher ist ebenso, daß durch die *Veräußerlichung* unseres Lebens die Brücke zwischen Bewußtem und Unbewußtem sehr schmal geworden ist. Doch gerade das Leben aus der „Tiefe" ist die Bedingung dafür, daß wir trotz und in der Fülle der Angebote erfahren können, was wert zu leben ist und was nicht. Und gerade das tiefere Leben gehört zu den zentralen Bedingungen für die Entwicklung *der* Kraft, die wir brauchen, um mit Leidenschaft gegen eine weitere Schwächung unserer natürlichen Basis Front machen zu können.

Hat denn die moderne Psychologie – sie ist gerade 100 Jahre alt geworden – nicht viel für die Erweiterung der Brücke zwischen Bewußtsein und Unbewußtem und damit für den inneren Menschen getan? Ganz bestimmt. Doch in manchem ist sie – aufs Ganze gesehen – in ihrer *Reaktion* auf den Zeitgeist früherer Epochen einseitig geblieben. Drei dieser Reaktionsformen will ich kurz andeuten:

1. Die Tiefenpsychologie dieses Jahrhunderts brachte uns tiefe Einsichten in die inneren Abgründe, Begrenzungen, Verwicklungen und Widerstände, die im Unbewußtem liegen. Und das war gut so. Doch die Konzentration auf das Defizitäre im Menschen ging zu weit (ich spreche von Tendenzen). Das hatte zur Folge, daß man sich zu wenig um die Entwicklung des „unbewußten Geistes" (Frankl) kümmerte, um jene Kraft also, die im *besonderen* das spezifische menschliche Lebensgefühl bestimmt. Wir brauchen zwar die Frage nach den Ursachen von Störungen, doch von der Analyse unseres Unvermögens können wir nicht *leben*. *Leben* können wir dann, wenn unser Geist das Leben zu *gestalten* beginnt.

2. Wir erfuhren mehr als andere Epochen von unseren Wünschen und wurden dazu ermutigt, sie auch zu leben. Und das war gut so. Die Folge war leider *auch*, daß wir zu stark auf unser Ich fixiert wurden und daher in gar nicht guter Weise die Tatsache aus den Augen verloren, daß wir nicht nur Individuen, sondern auch Gemeinschaftswesen sind. (Vor den Folgen einer solchen Entwicklung haben schon immer die Weisen *aller* Hochreligionen gewarnt). Wenn wir nämlich den Blick zu stark auf das eigene Ich richten, verengt sich unser Blick für die Weite des inneren und äußeren Lebens – und damit für deren *Werte*.

3. Wir wurden stark auf unsere Selbstverantwortung angesprochen und dazu herausgefordert, sie auch zu übernehmen. Und das war gut so. Doch die *zu* starke Pointierung der

8

Selbstverantwortung verführte uns dazu, nicht mehr genug nach der Verantwortung, die das *Leben* für uns hat, zu fragen. Wir vergaßen, die Frage nach dem „unbewußten Gott" (Frankl), dem tragenden Grund des Lebens, zu stellen.

Ich möchte in diesem Buch zeigen, daß und wie es möglich ist, die Brücke zwischen dem Bewußtsein und dem Unbewußten (ich spreche viel lieber von der „inneren Welt") zu erweitern.

Weiter möchte ich die Lebendigkeit des unbewußten Geistes und seine fühlbaren Auswirkungen auf den ganzen Menschen und sein Sinngefühl veranschaulichen. Dabei wird sich herausstellen, daß bereits das (neue) *Erleben* der inneren Welt das Sinngefühl in besonderer Weise wecken kann. Denn der unerwartete Reichtum der inneren Bilder bringt den, der sie sieht, ins Staunen – über sich selbst, über die Tiefe und Weite des inneren Lebens. Und weil unsere Weltsicht unmittelbar davon abhängt, wie wir uns selbst sehen, bahnt das Erleben der *inneren* Welt zugleich eine (neue) Liebe zum Leben an.

Im Hauptteil des Buches – Von der Kraft des unbewußten Geistes – ist weniger davon die Rede (wie sonst üblich und gewiß notwendig), auf welchen Gebieten des Lebens und auf welche Weise Sinn im konkreten Leben *praktisch* gefunden werden kann – hier ist, wie schon angedeutet, von wesentlichen *Voraussetzungen* für Sinnfindung und ihren Zugängen durch wertorientierte Imaginationen die Rede. Die Erfahrung zeigt, daß gerade diese Arbeit an der Sinnproblematik die Sinnfindung im konkreten Leben erheblich erleichtert.

Mir ist auch daran gelegen, wenn schon nicht den Beweis, so doch den Erweis zu erbringen, daß der tragende Grund des Lebens erfahrbar ist, wenn ein Mensch sich dem unbewußten Geist anvertraut. Was aber brauchen Menschen dieser Zeit *mehr* als inneren Halt?

Schließlich möchte ich eine kleine „Wertphilosophie" des Unbewußten vorstellen. Darunter verstehe ich allgemein geltende Leitlinien und Hinweise für Sinnfindung – Werte, die unserem Leben Richtung geben können. Sie haben sich mir in mehrjähriger Arbeit mit wertorientierten Imaginationen, die das Zentrum dieses Buches sein werden, herauskristallisiert. Zum Teil bestätigen sie wichtige Erfahrungen aus angewandter Philosophie, Psychotherapie und Beratung, zum Teil fordern sie zu einem tiefgreifendere Nachdenken darüber heraus, was Menschen hauptsächlich zu einem gelingendem Leben brauchen und was nicht.

Ich habe eine Bitte an Sie als Leser/in: Lassen Sie sich beim Lesen der Imaginationen nicht von den starken Gefühlen irritieren, die manche Imaginierenden äußern. Lassen Sie sich lieber zum Staunen darüber verführen, zu welcher Gefühlsdichte „normale" Menschen wie Sie und ich fähig sind, wenn sie den Quellen des Lebens nahekommen.

Lassen Sie sich Zeit beim Lesen der Imaginationen. Sie erschließen sich Ihnen nur dann, wenn Sie sie auf sich wirken lassen.

Ein Letztes: Ich habe keineswegs nur solche Imaginationen ausgesucht, die Sie besonders beeindrucken könnten. Die *meisten*, die ich kennengelernt habe, geben Grund zum Staunen.

VON DER BRÜCKE ZWISCHEN DER BEWUSSTEN UND DER UNBEWUSSTEN WELT

Kleines theoretisches Vorspiel

1. WAS IST DAS UNBEWUSSTE?

Das Unbewußte ist der seelische Bereich in uns, zu dem unser Bewußtsein keinen unmittelbaren Zugang hat. Das Unbewußte ist die innere Welt, die der Verstand nicht ergreifen, geschweige denn begreifen kann, weil sie sich rationaler Logik entzieht. Man kann das Unbewußte weder messen noch erklären, man kann es allenfalls – und das nur nach reichlicher Selbsterfahrung – zu verstehen *beginnen*.

Das Unbewußte ist das, was unserem Bewußtsein z. B. in Gedankenblitzen und Ein-fällen, Ahnungen und Visionen, Stimmungen und inneren Schmerzen – was uns über Erinnerungen, Träume und innere Wanderungen, also Imaginationen nahekommt (imago, lat.: das Bild). Es ist die uns nicht bewußte Welt der Seele, deren Mitte der unbewußte Geist und in dem die „Logik des Herzens" (Pascal) zu Hause ist.

Jedes Land hat seine eigene Sprache. Wer ein fremdes Land kennenlernen will, tut gut daran, sich mit dessen Sprache vertraut zu machen. Das gilt auch für das uns unbewußte Land. Wer es näher kennenlernen möchte, sollte sich deshalb so weit wie möglich mit *seiner* Sprache vertraut machen.

Von der Bewußtseinssprache hat A. Rosenberg gesagt: „Zu arm ist die menschliche Sprache, um die Fülle der Ahnungen, welche der Wechsel zwischen Leben und Tod wachruft, zu kleiden. Nur das Symbol und der sich ihm anschließende Mythos können diesen Bedürfnissen genügen. Das Symbol weckt Ahnungen, die Sprache kann nur erklären. Das Symbol schlägt alle Saiten des menschlichen Geistes zugleich an, die Sprache ist genötigt, sich immer nur einem einzigen Gedanken hinzugeben. Bis in die tiefsten Geheimnisse der Seele treibt das Symbol seine Wurzel, die Sprache hingegen berührt wie ein leichter Windhauch die Oberfläche des Verständnisses...Nur dem Symbol gelingt es, das Verschiedene zu einem einheitlichen Gesamteindruck zu verbinden. Die Sprache reiht Einzelnes aneinander und bringt (das Unsagbare) immer nur stückweise zu Bewußtsein" (Ursymbole und ihre Wandlung, Einführung in das Symbolverständnis, Freiburg i. B. 1992, S. 21 f.).

Die Länge der Regale mit Büchern, die auf die Frage nach dem Unbewußten eine Antwort zu geben versuchen, läßt sich nicht mehr messen. Die meisten von ihnen sind von der Empore des Bewußtseins aus, also in der Bewußtseinssprache geschrieben worden. Dagegen ist nichts einzuwenden, denn wissenschaftliche Forschungen z. B. verlangen auch wissenschaftliche Sprache. Die Frage ist nur, ob diese Sprache dem Leser das *Wesen* des Unbewußten – mit seinen Abgründen ebenso wie mit seinem Reichtum – nahebringen kann.

Nicht so lang sind die Regale mit jener Literatur, die versucht, das unbewußte Land in dessen eigener Sprache, also der *Bildersprache* zu beschreiben. Ob sie aber ebenso differenzierte Aussagen machen kann wie die Bewußtseinssprache? Ganz bestimmt nicht.

Zweifellos haben *beide* Literaturformen ihr Recht und ihre Begründung. Die Bewußtseinssprache klärt und ordnet, was wir vom Unbewußten wissen. Die Bildersprache macht mit seinen geheimnisvollen Erscheinungen vertraut. Sie ist berührende Sprache und schafft daher *Beziehungen* zum Unbewußten. Gerade deshalb aber scheint sie in *unserer* Zeit, in der die Berührungen mit der tieferen Dimension des Lebens verloren zu gehen drohen, besonders wichtig zu sein.

Die Seele gleicht einer Stadt am Strom, die im Lauf der Zeit an jenem Berge hochgewachsen ist, durch dessen Tal der Strom fließt. Die Häuser in der Oberstadt – auf ihrem Ortsschild steht der Name „Bewußtsein" – sind also jünger als die der Unterstadt. Deren Bewohner haben ihrem Ort keinen Namen gegeben. Die Oberstädter nennen ihn „Unbewußtes".

Je tiefer nun ein Wanderer in die Stadt wandert, desto mehr staunt er über die alte Bauweise. Doch obwohl ihm vieles fremd erscheint, gewinnt er allmählich den Eindruck – sofern er sich mit den Örtlichkeiten ausreichend vertraut gemacht hat –, dort unten zu Hause zu sein, vor allem dann, wenn er sich dem großen Strom nähert, dessen Wasser klar ist wie der junge Morgen. Weise Bewohner der Oberstadt haben ihn das „Wasser des Lebens" genannt, andere den „Grenzfluß zwischen beiden Welten".

Fragt man den Wanderer, warum er sich in der Tiefe der Stadt und besonders am Strom zu Hause fühle, antwortet er, von hier aus könne er besonders weit *sehen*: sowohl nach oben in die Oberstadt – als auch über den Strom hinweg in jenes grenzenlose Land, das *jenseits* des Stromes liege. Für dieses Land hätten die Oberstädter den Namen „Transzendenz", für das Gebiet *am* Strom den Namen „Geist" gefunden. Nur wenige schienen jedoch berührt zu sein, wenn sie diese Wörter in den Mund nähmen.

Fragt man den Wanderer der Tiefe, was er empfinde, wenn er über den Strom hinaussehe, so antwortet er, er empfinde eine seltsame Wärme, Klarheit und Freiheit, ja, er fühle sich angesichts der Weite dieser unbegrenzten Welt getragen, geborgen, geliebt und befreit.

Und wenn er im Gebiet *am* Strom stehe? Dann fühle er, sagt er weiter, eine große Kraft. Dann habe er den Eindruck, als sei er im Boden tief verwurzelt und könne trotzdem gehen, wohin er wolle.

Noch etwas fällt dem Wanderer ein, wenn er danach gefragt

wird, warum er so gern in die Tiefe wandere: Das Gebiet *am* Strom sei gar nicht dunkel, darum habe er dort auch wenig Angst. Man brauche sich auch nicht zu verstecken (wie so oft in der Oberstadt). Man könne so sein, wie man nun einmal sei.

Die Oberstädter sind schon seit langem der Auffassung, daß sie vom *ganzen* Berg des Lebens mehr verstehen als die Unterstädter. Das ist zweifellos richtig – und doch wieder nicht. Recht haben sie darin, daß sie den Gipfel des Berges („Denken" oder „Wissen" genannt) leichter sehen und erreichen können als die Unterstädter. Von dort aus haben sie einen besseren Überblick und können daher vieles besser erklären und in Zusammenhang bringen als jene. Wir haben ja schon mehrfach davon gehört, daß sie für alle Dinge des Berges auch Namen finden können.

Eines jedoch verkennen die Oberstädter: daß der Gipfel des Berges nicht wichtiger ist als sein Fuß mit dem dazugehörigen Gebiet. Sie begreifen nur schwer, daß Gipfel und Fuß *gemeinsam* den Berg ausmachen. Was wäre auch ein Berg ohne Gipfel, was wäre ein Gipfel ohne tragendes Fundament?

Und welchen Namen haben die Oberstädter für den Fuß gefunden? Unter den wenigen, die sich mit ihm beschäftigt haben, gibt es unterschiedliche Funde. Die wiederum hängen davon ab, von welchem Ort des Gipfels aus sie ihn betrachten. Die einen sprechen z. B. von „Triebwelt", die anderen vom „persönlich" und „kollektiv Unbewußten". Noch viele andere Begriffe hat man für den Fuß des (Lebens-)Berges gefunden. Glücklicherweise gibt es aber auch Oberstädter, die das tiefe Land nicht einseitig mit diesem oder jenem Namen belegen, sondern wissen, daß manches im Leben zu vielschichtig ist, als daß man es mit *einem* Gedanken oder *einem* Namen erfassen könnte.

Welchem Namensgeber der oberen Stadt soll man denn *überhaupt* trauen? Nur dem, der, unserem inneren Wanderer gleich, die Unterstadt wirklich und also persönlich kennt und seine „Kenntnisse" durch wiederholte Besuche immer wieder erweitert.

Nun darf der Eindruck nicht entstehen, als seien die Unterstädter bessere Bewohner als die Oberstädter. Das ist keinesfalls so. Es gibt unter ihnen solche, die die gesamte Stadt stören. (Es versteht sich von selbst, daß sie nicht in der Nähe des Stromes wohnen).

Manche sind oft wütend oder boshaft. Manche sind oft niedergeschlagen. Andere sind schrecklich eitel. Wieder andere gebärden sich wie die Angsthasen. Einige sind brutal, einige sind einfach nicht da, wenn sie gebraucht werden. Es gibt Bewohner der Unterstadt, die jede Schwierigkeit leugnen und solche, die jede Schwierigkeit „in etwas ganz Phantastisches uminterpretieren" (wie die Oberstädter sagen). Nein, die Unterstädter sind keinesfalls besser als die Oberstädter, und die wiederum sind keinesfalls besser als die Unterstädter. Das kann ja auch nicht sein, weil doch beide Stadtteile zum selben (Lebens-)Berg gehören.

Die Ober- und die Unterstadt sind ja nicht verschiedene Städte. Sie sind Teile ein- und derselben Stadt. Sie sind zwar unterschiedlicher Art, doch nur *gemeinsam* bilden sie die eine Stadt. Sie liegen zwar an verschiedenen Orten, die Bewohner sprechen auch eine unterschiedliche Sprache, beide Ortschaften sind jedoch durch eine *Brücke* miteinander verbunden.

Und worin liegt der Unterschied zwischen den Bewohnern? Alle Bewohner der Unterstadt warten darauf, daß die Brücke zwischen beiden Stadtteilen breiter, viel breiter werde, so daß es zu einer regen Beziehung (ein Wort der Oberstädter) zwischen ihnen kommen kann. Doch *diesen* Wunsch teilen nur *wenige* der dem Gipfel nahen Bewohner . Woran mag das liegen?

Das liegt offenbar daran, daß nicht wenige Oberstädter Angst vor den Unterstädtern haben. Obwohl jene so stolz darauf sind, daß sie dem Gipfel näher wohnen als diese? Angst also wovor?

Die Oberstädter haben Angst vor der *Unübersichtlichkeit* der Unterstadt. Da haben sie keinen Überblick. Besondere Angst aber haben sie vor den in der Tat unheimlichen Gestalten, von denen eben die Rede war. Sie fürchten, diese finsteren Gesellen könnten ihren Stadtteil besetzen und sie ihrer Macht berauben. Doch das ist schon fast tragisch zu nennen: Vor lauter Angst und Fixierung (wieder ein Wort der Oberen) auf das, was sie nicht überblicken und daher „regeln" können, kommen sie selten mit dem *Zentrum* der Unterstadt in Berührung, also mit dem Land am Strom, in dem die Bewohner leben, die reich sind an Erkenntnis, Gestaltungskraft, Liebe und Frieden – , mit denen, die viel Phantasie für die Belange der ganzen Stadt haben und viele Ideen, sie schöner und reicher zu gestalten. Leider hören die ängstlichen Oberstädter ja auch nicht auf jene, die die Zentrumsbewohner kennen und sich durch sie beflügelt, getragen und angenommen fühlen. Und wie gut wäre es, wenn sie mit diesen *wichtigsten* Bewohnern der Unterstadt Verbindung aufnähmen!

Da ist noch etwas, was man wissen muß: Die Stadt ist so geplant, daß sie irgendwann einmal *eine* werden soll. Woher man das weiß? Wann immer es passiert, daß die Brücke zwischen oben und unten breit, ganz breit ist – das kommt so oft nicht vor – herrscht Jubel sowohl in der Unter- als auch in der Oberstadt. Dann treffen sich die so unterschiedlichen Bewohner mitten auf der Brücke (Sie wird deshalb von den Oberen „Mitte" genannt). Und *wenn* sie beieinander sind, hat keiner von ihnen mehr Sehnsucht, weder nach dem Gipfel noch nach dem Fuß. Dann treffen sie sich in der Mitte zwischen beiden Stadtteilen und freuen sich – freuen sich darü-

16

ber, daß sie da sind, hier sind, gemeinsam hier und jetzt den Lebensberg erleben und genießen. Dann sind sie glücklich darüber, daß das, was sie getrennt hat, überwunden ist.

Warum kommen diese Feste denn so selten vor? Schicksal ist das nicht. Schicksal ist es deshalb nicht, weil die Bereitschaft der Unteren groß ist, sich zu zeigen und sich in den ganzen Stadtverband eingemeinden zu lassen. Und die Bereitschaft der Oberen? Davon war schon die Rede: Sie haben einfach zu viel Angst vor den Unteren – doch letztlich nur deshalb, weil sie sie so wenig kennen – weil sie sie viel zuwenig kennen.

2. INNERE BILDER ALS VORAUSSETZUNG FÜR IMAGINATIONEN

Jeder Mensch hat innere Bilder. Wir kennen sie aus unseren Nachtträumen. Wir sehen sie, wenn wir aus dem Schlaf in den Wachzustand gleiten. Sie sind uns aus Tagträumen und Visionen vertraut. Sie springen uns an, wenn Ideen sich ihrer bedienen. Sie begegnen uns, wenn uns Vergangenes einfällt.

Jede menschliche Seele hat die Tendenz, das, was in ihr vorgeht – also Ahnungen, Gedanken, Gefühle – in anschauliche Bilder, z.B. in bestimmte Landschaftsformen, in tierische, menschliche oder menschenähnliche Gestalten oder auch in Geschichten zu übersetzen. So entstanden Mythen, so entstehen Märchen, Träume und Imaginationen. Wie sich ein solcher Vorgang entwickelt, will ich an einem einfachen Beispiel zeigen:

Eine Mutter möchte ihrem kleinen Sohn eine Gute-Nacht-Geschichte erzählen. Da er schon alle im Haus verfügbaren Märchenbücher kennt, möchte sie ihn mit einem neuen Märchen beglücken. Aber mit welchem? Da fällt ihr eine Maus ein – warum auch immer. Die Mutter merkt gar nicht, wie sie mit offenen Augen nach innen schaut. Sie sieht die Maus deutlich vor sich: Die Augen wandern spitzbübisch von einer Seite zur anderen. Der Schwanz schlägt übermütig Kapriolen. Irgendetwas hat sie vor. Doch was?

Der Junge sieht, daß die Mutter vor sich hinlächelt und fragt nach dem Anlaß. Sie erzählt, ein wenig verschämt, was sie gerade sieht. Es interessiert ihn schon sehr, *was* die Maus im Schilde führt! Daraufhin wendet die Mutter – jetzt fast von selbst – ihren Blick wieder nach innen und erzählt weiter, was sich ihr zeigt:

Die Maus hebt den Kopf, schnuppert und eilt zu einer Tür. Doch die ist verschlossen.

Verzweiflung bahnt sich an. Das kleine Tier rennt ziellos hin und her.

Nein, die Mutter bildet sich die Bilder nicht ein. Sie *kommen* ihr. Sie bilden sich ihr *aus*. Zweifellos möchte sie Bilder sehen, weil sie dem Kind ein neues Märchen erzählen will. Doch ihr *Kopf* weiß *kein* neues Märchen. Selbst dann, wenn er sich eins ausdenken würde, wäre er auf die Hilfe der inneren Welt angewiesen. Begeistern aber würde die Mutter ihren Jungen damit nicht. Also läßt sie sich aus ihrer inneren Bilderwelt die weitere Bildfolge kommen, (für die der Kopf den *Begriff* „Märchen" findet).

Die Mutter sieht nun, daß das Gesicht der Maus sehr traurig wirkt. Sie empfindet Mitleid mit dem armen Tier. Sie ist ihrer Innenwelt schon viel näher als der Außenwelt. Der Junge hört es an ihrer Stimme: Sie möchte der Maus helfen. Aber wie? Während sie einen Augenblick nur (mit dem Kopf) nach einer Lösung sucht, betritt Bello, der Hund des Hauses, die Szene.

Offenbar ist er ein Freund der Maus. Die Mutter denkt nicht mehr darüber nach, was Bello nun sinnvollerweise tun sollte, sie sieht nur *hin* zu ihm. Dem (inneren) Bello wird schon etwas einfallen. Und so geschieht es. Der große Hund drückt mit seiner rechten Tatze den Türgriff herunter und verschafft seiner kleinen Freundin Einlaß ins Käseparadies. Ein lustvolles Mäusemahl beginnt.

Je länger die Mutter erzählt, desto mehr vergißt sie ihre Gedanken. Sie erzählt, was sie *sieht*. Sie sieht, was sich ihr *zeigt*. Die Bilder sind ihr nahe, sie ist den Bildern nahe. Sie erlebt bewußt und vorbewußt ihr Unbewußtes.

Die inneren Bilder sind die *Brücke* zwischen Bewußtem und Unbewußtem. Sie haben *Mittlerfunktion* zwischen beiden Welten. Und das bedeutet, daß die viel ersehnte Ganzheit des Menschen Wirklichkeit wird, wenn beide Welten sich miteinander zu verbinden beginnen.

Innere Bilder sind Symbole. (Symballein, griechisch, bedeutet: Zusammenfügen von Bruchstücken, so daß sie, wenn sie zusammengefügt sind, ein Ganzes ergeben). Symbole sind „Urphänomene", d. h. Grundgegebenheiten des Lebens. Sie sind Sinn-Bilder, die in komplexer Weise innere Wirklichkeiten zusammenfassen. Daher haben sie für den Menschen eine doppelte hochbedeutsame Funktion:

Zum einen sind sie „sichtbare Zeichen einer unsichtbaren Wirklichkeit" (Lurker). In ihnen, sagt J. Juchli, „spricht das Leben selbst, unmittelbar und unverstellt". Sie sind „*Botschaften* der Seele", deren Kenntnis zu den wesentlichen Bedingungen sinnvollen Lebens gehört.

Zum anderen sind sie energetische *Kraftfelder* mit „positiven" und „negativen" Vorzeichen, bildhafter Ausdruck der inneren Kräfte, der bedrohenden ebenso wie der beglückenden, der sinnverweigernden ebenso wie der sinnvollen.

Die Bilder sind die *Gesichter* der unbewußten Gefühle. Nähern wir uns den Bildern, dann nähern wir uns unseren unbewußten Gefühlen. Nähern wir uns diesen Gefühlen, dann nähern wir uns unseren unbewußten Kraftfeldern. Das bedeutet: Bleibt z. B. ein „negatives" Kraftfeld, etwa starke Aggressivität, außerhalb der Reichweite des Bewußtseins eines Menschen, so kann dieses Kraftfeld mit ihm treiben, was es will. Das kann sich bis ins Körperliche hinein auswirken! Bleibt andererseits ein „positives" Kraftfeld, etwa die Liebe, brach und ungenutzt liegen, so kann es sich im Lauf der Zeit ins Gegenteil verwandeln: Aus der Fähigkeit, lieben zu können, kann die Sucht werden, sich nur noch lieben zu lassen. Warum ist das so?

„Es ist ein Urgesetz menschlichen Lebens", sagt J. Juchli, „daß nur das, was angeschaut, also vergegenständlicht wird, auch verändert werden kann". Anschauung und Vergegenständlichung der inneren Bilder? Das heißt, daß nur *die* inneren Kräfte zugunsten des Menschen tätig werden, mit denen er sich vertraut gemacht bzw. sich auseinandergesetzt hat. (Siehe dazu J. Juchli, Heilen durch Wiederentdecken der Ganzheit, Stuttgart 1985, S. 54 ff.; M. Lurker, Wörterbuch der Symbolik, Stuttgart 1991).

Zusammengefaßt: Die inneren Bilder zeigen die *Ursachen*, die uns an der Entfaltung unserer Möglichkeiten hindern, sie zeigen uns auch die *Werte*, auf die es bei der Sinnsuche ankommt. Und weil sie dynamische *Kräfte* mit hellen und dunklen Inhalten sind, fordern sie uns dazu heraus, sie zu entdecken und sie so weit wie möglich zu gestalten. Deshalb sind sie und ist der Umgang mit ihnen für unser ganzes Lebensgefühl bestimmend.

Noch eine Frage: Sind denn etwa *alle* inneren Bilder Symbole und also erkenntnis- und kraftvoll? Nein. Das wissen wir schon seit langem von den Traumforschern. Doch *jene* sind es, die uns bei intensiver Begegnung und Auseinandersetzung berühren, bewegen, herausfordern, also gefühlvoll werden lassen. Die anderen gleichen dem grauen Staub im Geröll der Mine, in der nur *Gold* gesucht wird.

3. DER UNBEWUSSTE GEIST ALS MITTE DER WERTORIENTIERTEN IMAGINATION

Das Zentrum der Seele ist der „unbewußte Geist" (Frankl). Von *seiner* Wirksamkeit hängt primär ab, wie sich ein Mensch fühlt.

Was ist Geist? Geist ist – seinen *Möglichkeiten* nach – *die* machtvolle, schöpferische und gestaltende Kraft im Menschen. Sie befähigt ihn dazu, nach innen und außen sein Leben so weit bestimmen zu können, wie es die Umstände erlauben. Geist ist deshalb alles andere als ein bläßliches Phänomen, sondern *die* vitale Kraft, die den Menschen zum Menschen macht. Man kann ihn nicht nur im Bewußtsein erleben, sondern auch und vor allem im Unbewußten, so auch in wertorientierten Imaginationen. Und wer die Beziehung zum unbewußten Geist pflegt, wird ihn mehr denn je auch im konkreten Leben erfahren.

Geist ist *intentional*. Hinter diesem spröden Satz Viktor Frankls verbirgt sich eines der wesentlichen Geheimnisse des Menschen. Und *was* intendiert Geist, d. h.: *worauf* ist er ausgerichtet? Er intendiert alles Wert-Volle. Er ist auf all das ausgerichtet, was Sinn schafft. Und was sind Werte? Werte, die Sinn schaffen, sind „gebündelte Lebenskräfte" (Längle), Energiezentren mit hoher Anziehungskraft – stark genug, den Menschen seiner Ganzheit näherzubringen.

Welche Werte sind gemeint? All jene, die Leben gelingen lassen, z. B. die Freiheit, die Liebe, die Verantwortlichkeit, der Mut, das Ja *zum* Leben, das Bejahtwerden *vom* Leben, das Schöpferische, das Ästhetische, das Religiöse, das eigene ursprüngliche Bild. Und diese, wie auch andere Werte, werden in wertorientierten Imaginationen sicht-, fühl- und erlebbar.

Die strenge Ausrichtung auf Werte schließt die imaginative Bearbeitung der inneren Widerstände nicht nur nicht aus, sondern ein. Gerade weil es wichtig ist, das Wert-Volle im

21

Menschen so tief wie möglich, an seinen Wurzeln nämlich, zu erfahren, muß alles getan werden, um die inneren Widersacher, wie etwa die zu starke Angst, die zu starke Aggression, die zu starke Melancholie, so weit wie möglich zu reduzieren.

4. DIE PRAXIS DER WERTORIENTIERTEN IMAGINATION

Seit 1916 entwickelte C. G. Jung das Imaginieren (=Bildern) zu einem spezifisch therapeutischen Verfahren und nannte es „aktive Imagination". Sie ist inzwischen vielfach variiert worden. Die wohl bekannteste Variante ist das „katathyme Bilderleben (Leuner). Die von Jung erstmals in seiner Einleitung zu Richard Wilhelms „Geheimnis der goldenen Blüte" vorgestellte Methode ist ein Weg des inneren Selbstgesprächs, in dem sich der Imaginierende für das öffnet, was sich in seinem Unbewußten zu Wort meldet oder sich ihm als Bild zeigt.

Weil die Bilder farbig, plastisch und gefühlvoll sind, kommt der Imaginierende seinen unbewußten Vorgängen sehr nahe. Er sieht, hört, riecht, schmeckt, tastet, spürt und fühlt, was ihm begegnet. Weil die Bilder auf ihn *zukommen*, kann er sich ihnen nur schwer entziehen. Er erlebt die Ausschnitte seiner inneren Wirklichkeit ganzheitlich und daher so intensiv, daß er zur existentiellen Auseinandersetzung mit ihnen herausgefordert wird. Er muß sich ihnen stellen. Auf diese Weise erfährt er eine komplexe Bearbeitung der Vergangenheit und erlebt neue Zugänge zur Gegenwart.

Worum geht es in Imaginationen? Um Vergangenes und Gegenwärtiges, um alte Fesseln und neue Freiheiten, um Geistiges und Triebhaftes, um Werte und Sinn und um die Barrieren, die Sinnfindung zu verhindern scheinen – um das ganze menschliche Leben, wie es sich an der Basis zeigt – in der dem *Kopfe* fremden Sprache zwar, doch sehr vertraut dem Herzen. Um diese Dinge jedenfalls geht es in *wertorientierten* Imaginationen.

Das Spezifische *dieser* Imaginationsform deutete ich im letzten Abschnitt bereits an: Es basiert auf der Annahme, daß der unbewußte Geist die Mitte der Seele ist. Es basiert weiterhin auf der Annahme, daß das Spezifische des unbewußten Geistes seine Ausrichtung auf Werte ist. Und das bedeutet: Öffnen wir uns dem unbewußten Geist, dann erleben wir Werte. Ebenso gilt: Öffnen wir uns einem spezifischen Wert, dann erleben wir Geist. Daher ist die wertorientierte Imagination die methodische Ausformung eines Menschenbildes, das den Geist in seiner Wertorientiertheit zum Mittelpunkt seiner Arbeit am Menschen macht.

Zur Praxis: Wertorientierte Imaginationen sind behutsam geführte Gespräche zwischen dem Imaginierenden und seinem kundigen Begleiter. Sie dauern etwa 40–60 Minuten. Später kann der Klient – bei ausreichender Erfahrung – selbständig „Wanderungen" unternehmen.

Vor Beginn der Imaginationsreihe führe ich ihn in die wichtigsten Zusammenhänge ein. Eine solche Einführung scheint mir unerläßlich, weil ihm das, was er erleben wird, nicht bekannt ist. Was ihm dann bekannt wird, ist für ihn häufig so ungewöhnlich, daß er ein Recht darauf hat, vorher zu wissen, worauf er sich einläßt.

Nicht wenige Klienten gehen zunächst skeptisch in die Imagination und fragen, ob sie das, was sie sehen, sich nur einbilden. Doch schon bald, spätestens aber bei der zweiten oder dritten gelungenen Wanderung, verliert sich die Skepsis.

Nicht oft kommt es vor, daß ein Klient keinen Zugang zur

inneren Welt bekommt. Dann liegt ein solch starker psychischer Druck vor, daß wir *ihn* zunächst zum Thema machen müssen. Liegt eine generelle Ängstlichkeit vor dem Unbewußten vor, gibt es probate Hilfen zur Verminderung der Angst.

Vor Beginn einer Imagination verständigen wir uns über das *Ziel* der Wanderung. Es ergibt sich aus dem Zusammenhang der Gesprächssituation. Wir avisieren den Wert, den der Klient mehr als bisher leben möchte. Er erreicht sein Ziel, wenn die sich ihm in den Weg stellenden Widerstände nicht allzu hartnäckig sind. Sollten sie jedoch auf *diesem* Wege nicht bearbeitet werden können, ist eine eigene Wanderung zu der betreffenden Blockade erforderlich.

Eine manchmal gestellte Frage lautet: Ist nicht die Vorgabe des Zieles ein suggestiver Akt des Therapeuten? Werden auf diese Weise nicht wichtige *Eigenimpulse* des Klienten, die sich *während* der Imagination entwickeln könnten, unterdrückt?

Das Ziel wird ja nicht vorgegeben. Nach dem Ziel suchen Begleiter und Klient *gemeinsam*. Es versteht sich auch von selbst, daß der Klient nur solche Ziele anwandert, die er selbst wichtig findet. Und wenn er wichtige Eigenimpulse entwickelt, ist es Sache des Begleiters, sie aufzunehmen und ihn zu ermutigen, zunächst *ihnen* zu folgen.

Verführt aber nicht die Zielverabredung den *Klienten* dazu, sich selbst suggestiv zu beeinflussen? Wann immer das geschehen sollte, wird er am Ziel nicht das erleben, was er erfährt, wenn er sich auf den intendierten Wert *ausrichtet*.

Auch eine andere Frage höre ich manchmal: Wie kann es geschehen, daß der Imaginierende das verabredete Ziel tatsächlich erreicht?

Die Frage bringt mich in Schwierigkeiten. Ich will aber sagen, was ich zu verstehen begonnen habe: Es sieht so aus, als ob der unbewußte Geist selbst den Imaginierenden zu seinem Ziele führte. Es sieht so aus, als würde der Wanderer der Tiefe von seiner „geistigen Tiefenperson" (Frankl) auf seinem Weg begleitet. Wie sonst könnte man die verblüffenden Symbolisierungen der Begriffe (Verantwortlichkeit, Mut, Durchsetzungskraft etc.) verstehen, die am Ende der Wanderungen sichtbar werden? Merkwürdigerweise stellen die Imaginationserfahrenen – darunter sind viele „Kopfmenschen" – diese Frage nicht mehr.

Weiter zur Praxis: Der Klient sitzt in gelöster Haltung. Das *Sitzen* erscheint mir – im Gegensatz zum Liegen – wichtig, weil in der wertorientierten Imagination das *aktive* Element eine zentrale Rolle spielt.

Der Begleiter gibt dem Imaginierenden Hilfen zur *Entspannung*. Dieser Vorgang dauert nicht länger als 3–4 Minuten. Dann regt er ein Einstiegssymbol an, z. B. einen Brunnen oder den Eingang einer Höhle oder „eine Wendeltreppe, die tief in die innere Welt hineinführt" (Diese Vorgabe ist lediglich eine Hilfe zum *Einstieg*). Sieht der Imaginierende diesen Ort, kann das Gespräch beginnen.

Da ich bei der ausführlichen Darstellung der Imaginationen weithin auf meine Gesprächsanteile verzichten werde – der Fluß der Geschehnisse würde dadurch gestört – will ich einen kleinen *Ausschnitt* als Beispiel für ein solches Gespräch wiedergeben (siehe auch den Anhang):

Ein wenig durchsetzungsfähiger Mann sieht auf seinem inneren Weg plötzlich einen großen Käfig. Er bleibt stehen, bevor er ihn erreicht hat.

IM (Imaginierender): Der Käfig macht mir Angst.

BG (Begleiter): Ist da noch ein anderes Gefühl? (BG geht davon aus, daß *kein* Gefühl die *ganze* Seele ausfüllt, daß immer auch, und seien sie noch so verdeckt, andere Gefühle erlebt werden können).

IM: Auch Neugier.

BG: Sie könnten *einen* Schritt weitergehen. (Jedes Vorangehen in einer kritischen Situation ist Freiheitsgewinn und also Verminderung von Angst).

IM (nachdem er gegangen ist): Da scheint etwas drin zu sein.

BG: Welches Gefühl strömt von dem Unbekannten zu Ihnen herüber? (Durch das Eingehen auf diese Frage gewinnt IM eine erste Beziehung zu dem ihm fremden Bild-Inhalt).

IM (nach einer Weile): Wut und Stärke.

BG: Das „Wesen" ist eingesperrt ...

IM (geht jetzt zum Käfig, dann): Ich sehe einen Tiger. Der ist sehr kraftvoll. Der rennt ständig an den Gitterstäben hin und her.

BG: Ob er 'raus will?

IM: Das kann ich nicht zulassen. Der bringt mich um.

BG: Ob er *wirklich* gegen Sie ist? (BG wagt diese Frage zu stellen, weil er Situationen dieser Art kennt).

IM (geht etwas näher an den Käfig heran, dann): Der ist nicht nur wütend, der scheint auch traurig zu sein.

BG: Traurig?

IM: Ja, weil er eingesperrt ist. (Er geht noch näher an den Käfig heran) Der faucht mich nicht einmal an ...

BG: Kann es sein, daß der Tiger darauf wartet, von Ihnen befreit zu werden?

IM (nach einigem Zögern): Das kann sein. Soll ich die Tür öffnen?

BG: *Wollen* Sie es? Was sagt Ihr *Gefühl?*

IM (nach einer Weile): Ich öffne die Tür. (Der Tiger kommt aus dem Käfig heraus und geht ins Freie. Keinerlei Gefahr geht von ihm aus. IM wagt sogar, sich ihm zu nähern und ihn zu berühren. Dann:) Von dem geht jetzt eine riesige Kraft aus.

.. Ich fühle mich ja plötzlich selbst ganz stark … (IM beginnt zu *fühlen*, daß der Tiger nicht irgendein, sondern *sein* Tiger ist, eine Kraft, die in ihm eingesperrt war und daher von ihm nicht gelebt werden konnte).

Wichtig ist, daß nach jeder Imagination genügend Zeit für ein Nachgespräch bleibt. Bevor es beginnt, braucht der Imaginierende Zeit, um sich von dem gerade Erlebten verabschieden und wieder in den Raum zurückkommen zu können (3 bis 5 Minuten).

Wenn er dann in großen Bögen noch einmal *erzählt* (nicht: berichtet), was er erlebt hat, baut er eine weitere Brücke zwischen dem Unbewußten und dem Bewußtsein.

Was war sein Grundgefühl während der Wanderung?

Fallen ihm Deutungen zu diesem oder jenem wichtigen Symbol ein?

Wie entwickelte sich das innere Drama?

Was war die thematische Mitte?

Gab es Beziehungen zu anderen Imaginationen oder Träumen?

Ob sich das, was der Imaginierende soeben erlebt hat, in die Realität einleben läßt? Wie wäre das möglich?

Diese und andere Fragen und Anregungen sind wichtig, damit auch dem Bedürfnis des Bewußtseins nach Einsicht in die erlebten Zusammenhänge genüge getan wird.

Oft bewirken wertorientierte Imaginationen sowohl während der Wanderung selbst als auch Stunden bzw. Tage danach starke Gefühle. Doch niemand erreicht – in aller Regel jedenfalls nicht – eine wesentliche Weiterentwicklung seiner Persönlichkeit, bevor er nicht eine längere *Reihe* von Imaginationen gemacht hat. Denn das, was ein Mensch tiefgreifend erkennen und so erkennen sollte, daß daraus *Lebens*entscheidungen erwachsen, stellt sich auch durch wertorientierte

Imaginationen selten sofort ein – deshalb nicht, weil die unbewußten selbstaggressiven Kräfte ihr Feld so rasch nicht räumen.

Wer aber begonnen hat, der eigenen Tiefe zu trauen, und erfährt, daß das Licht stärker ist als die Dunkelheit, wer erlebt, daß das auf Vollendung wartende Leben eine schöpferische Ungeduld in sich birgt, wer darüber hinaus mit Staunen entdeckt, daß auch die widerständigsten Wesen der inneren Welt letztlich darauf warten, von ihrem eigenen Haß befreit zu werden, wird Dinge erleben, wie er sie vielleicht nie zuvor erlebt hat. Er wird Entscheidungen treffen, die er bislang nicht getroffen hat. Er wird sich nicht nur anders fühlen, er wird auch anders werden.

Bevor wir nun in die Praxis gehen, kann ich mir eine Bemerkung nicht versagen: Das Staunen während der Imaginationen und auch danach gehört zu den schönsten Erlebnissen in meinem Beruf – das Staunen darüber, was alles sich im tief gelegenen Ballsaal des Lebens abspielt. Und es ist schön mitzuerleben, wie das Interesse daran wächst; ein Interesse, das ja gar nichts mit der häufig zitierten Nabelschau zu tun hat, im Gegenteil. Wer die innere Welt interessiert und staunend zu entdecken beginnt, fängt an, durch sie das *Leben* zu lieben, das solche dunklen und hellen Herrlichkeiten hervorzubringen imstande ist. Und schließlich ist da bei dem einen oder anderen auch eine gewisse Scham – auch sie berührt mich sehr –, von diesen elementaren Wahrheiten bisher so wenig gewußt zu haben.

28

VON DER KRAFT DES UNBEWUSSTEN GEISTES

Praktischer Teil

1. VERSÖHNUNG MIT DER VERGANGENHEIT

Sie kennen das? Da kommen die Bilder der alten Zeit zurück. Sie haben sie nicht gerufen. Sie wollen sie gar nicht sehen, doch sie drängen sich Ihnen auf. Augenblicklich verändern sie Ihre Stimmung. Und Sie spüren, daß sie noch immer Macht über Sie haben.

Diese Bilder dunkeln Ihre Seele ein, durchziehen Sie mit Schmerz, pressen und drücken Sie, lösen die alte Hilflosigkeit aus und auch die alte Trauer. Sie sehen die Menschen von damals wieder vor sich: ihre Gesichter, ihre Blicke, ihre Gebärden. Sie sehen, was sie tun. Sie hören ihre Stimmen, ihre Worte. Und Sie spüren, wie sie Sie zurückholen in die alte Zeit.

Sie gehen wieder durch die alten Räume. Sie stehen auf den alten Plätzen. Sie hören die alten Lieder. Und sie fühlen, wie all das, was war, Ihnen wieder nahekommt. Es scheint, als gäbe es kein Entrinnen von dem, was einmal war.

Zu den schwierigsten, allerdings wichtigsten Aufgaben im Leben gehört die Versöhnung mit der Vergangenheit. Diese Aufgabe ist deshalb so wichtig, weil unser Leben in der *Gegenwart* stattfindet und unsere Seele keine Ruhe gibt, bis wir uns mit den alten gravierenden Verletzungen, Aggressionen, Traurigkeiten, Enttäuschungen, unerfüllten Wünschen, Sehnsüchten, mit all dem, was unerledigt geblieben ist, auseinandergesetzt haben. Niemand kann gegenwärtig leben, der zu dem, was er an Schwerem zurückgelassen hat, nicht Stellung bezogen hat. Aus diesem Grunde ist die Versöhnung mit dem alten Leben auch eine hauptsächliche Voraussetzung für Sinnfindung. Sinnfindung verlangt Geistesgegenwärtigkeit.

Warum ist das so?

Das ist so, weil das Bewußtsein ein anderes Zeitgefühl hat als das Unbewußte. Das Bewußtsein ist gegenwärtig orientiert, das Unbewußte dagegen umspannt Gegenwart *und* Vergangenheit (und manchmal sogar auch Zukünftiges). Zwar sind die vergangenen *Ereignisse*, die das Leben eindunkelten, in dem Moment, in dem sie geschahen, schon wieder vergangen. Die mit den Ereignissen verbundenen *Gefühle* aber bleiben so lange gegenwärtig, bis wir uns persönlich mit ihnen auseinandergesetzt haben. Dabei ist das Geheimnis im Spiel, daß die Seele nach innerer Ordnung verlangt, und zu dieser Ordnung gehört, daß ein Mensch so wenig wie möglich auf seinem Weg durchs Leben ungeordnet liegenläßt.

Nein, das Unbewußte vergißt nichts. Das ist beglückend im Blick auf alle kostbaren Stunden, die ein Mensch erlebt hat – eine Bedrohung allerdings für jeden, der sich von dem, was in der alten Zeit für ihn zu schwer war, nicht verabschiedet hat.

Ist das denn möglich? Zeigen nicht allzu viele Lebensschicksale, daß man von seinen alten Verletzungen *nicht* loskommen kann? Gehört nicht gerade *das* zum gesicherten Wissen dieses Jahrhunderts, daß ein Mensch in Kindheit und Jugend *entscheidend* geprägt wird? Und zeigt nicht die Erfahrung, daß es auch in späteren Jahren Verletzungen gibt, von denen man sich nicht erholt?

Dies gilt, sofern die vergangenen Verletzungen in der Seele *zurückbleiben* und eine Auseinandersetzung mit ihnen nicht erfolgt. Es gilt nicht, *wenn* sie stattfindet.

Zweifellos bleiben Narben zurück, zweifellos können Narben wieder einmal schmerzen. Bestimmt gibt es Stunden im Leben, deren Schatten bis zum Tod reichen. Und doch: Vielen Menschen *ist* es möglich, sich von der alten Zeit so zu verabschieden, daß sie weithin gegenwärtig leben können.

Was wäre denn, wenn wir das alte Leben, das uns verletzt hat und noch immer verletzt, sein lassen könnten?

Wir lebten nicht in *verschiedenen* Zeiten. Wir gingen in der Gegenwart auf. Wir lebten hier und jetzt und nutzten die Gunst der Stunde. Wir nutzten die vorhandenen Möglichkeiten.

Wir wären geistesgegenwärtig. Wir wären gesammelt. Wir wären bei der Sache. Wir wären nicht gespalten. Wir wären mit uns eins. Wir wären bei uns selbst. Wir könnten zu uns stehen. Wir wären frei für unser Leben. Wenn wir das vergangene Leben sein lassen könnten, lebten wir *in* der Zeit.

Gibt es denn Wege, die zu den alten dunklen Orten zurückführen? Vor allem: Gibt es wirklich Möglichkeiten, jene Auseinandersetzungen nachzuholen, die damals nicht möglich waren?

Es gibt sie. Doch welche von ihnen hilfreich sind, hängt von der Art und Schwere der „Altlasten" ab. Ich nenne drei Wege und Möglichkeiten, von denen „speziell" der letztgenannte Weg besonders günstig zu sein scheint:

1. Manchem genügt es, einem vertrauten Menschen von damals zu *erzählen*, was für ihn zu schwer war. Und das ist seltsam: Wenn jemand sein altes Leben *erzählt*, wenn er sich also weniger auf Daten konzentriert und sich mehr auf *Erlebtes* einläßt, kann ihm das, was er verinnerlicht hat, sehr nahekommen: Da „hört" er wie von weit her, um ein Beispiel zu nennen, die dunklen Klänge des Tangos, bei dem er seine Frau kennenlernte. Da „sieht" er das Zimmer, in dem sie ihn mit

ihrem scharfen Wort zum ersten Mal verletzte. Da kommt ihm die Stunde wieder nahe, in der sie ihm für immer Lebewohl sagte. Da durchzieht ihn *jetzt* die gleiche Traurigkeit von *damals*.

Doch *damals* dachte, fühlte und handelte er anders als *heute*. Und gerade diese *veränderte* Sicht der Dinge ist für ihn heute *die* Möglichkeit, die alten Stunden, die noch immer sein Leben stören, überwinden zu können:

Er empört sich – was er damals nicht konnte – und findet Worte für seine Empörung. Er spürt Mitgefühl, nicht Mitleid, mit sich, was er damals nicht konnte. (Mitgefühl mit sich selbst ist eine der Mütter von Selbstverantwortung). Er trauert *aus*, was er damals nur be-trauern konnte. Er versteht mehr von dem, was er damals nicht verstehen konnte, vielleicht sogar jene, die ihn verletzten. Er nimmt zu dem, was in der Vergangenheit war, in der Gegenwart noch einmal *Stellung*. Stellung beziehen bedeutet, gegenüber den bedrückenden Erlebnissen von damals sich jetzt so zu verhalten, wie es früher nicht möglich war. Das kann zur Folge haben, daß die alten Ein-Drücke ihren Druck auf die gegenwärtige Seele vermindern, vielleicht sogar aufgeben.

2. Eine andere Möglichkeit – sie bedarf in der Regel kundiger Begleitung – ist die Arbeit an unseren Träumen. Die Träume, diese freundlichen Helfer der Nacht, halten uns immer wieder hin, womit wir früher nicht fertiggeworden sind. Wieviele Alpträume, wieviele Verfolgungsträume werden als schreckliche Nachtgespinste mißdeutet! Dabei wollen die meisten von ihnen uns nur auf altes unverdautes Leben hinweisen – und drängen uns so lange, bis wir ihre Signale endlich aufgenommen haben.

Träume erinnern uns an vergangenes, aber unerledigtes Leben. Sie erinnern uns an nicht überwundene Verletzungen ebenso wie an ungelebte Möglichkeiten. Doch Träume erhellen nicht nur die alte Zeit, sie werfen auch Lichter auf die Möglichkeiten, wie aus nicht überwundenen Verletzungen und ungelebten Möglichkeiten *neues* Leben werden kann.

3. Die meiner Erfahrung nach unmittelbarste, hilfreichste, vielleicht auch rascheste Form, das vergangene Leid zur Ruhe kommen zu lassen, sind wertorientierte Imaginationen. Das möchte ich an einigen Beispielen zeigen:

Eine jüngere Frau, deren Kindheit durch zweifellos sehr autoritäre Eltern überschattet gewesen war, hatte sich lange darum bemüht, sich von den alten strengen Schatten zu befreien. Gelungen war es ihr nicht. Deshalb wanderten wir zum „Ort des Angenommenseins". An diesem „Ort" werden, wie an kaum einem anderen, die in Vergangenheit und Gegenwart entstandenen Fesseln gelöst. Nach dieser Imagination gewann die Frau das Gefühl, sich endgültig von ihrem alten Leben verabschiedet zu haben. Ihre schriftliche Nacherzählung stellte sie mir zur Verfügung:

Nach längerer Wanderung gelangte sie in die Tiefe, sah eine kleine uralte Eichentür und öffnete sie. „Es war dunkel. Auf meinen Knien bewegte ich mich behutsam durch einen engen Gang. An den Wänden bemerkte ich Wandmalereien aus der Steinzeit: Ein schnaufender Stier griff einen Jäger an, der einen Speer in seiner rechten Hand hielt. Mir war sofort klar: Der angreifende Stier symbolisierte meine Mutter, der Jäger meinen Vater. Jetzt aber mochte ich mich mit meinen Eltern nicht beschäftigen, denn ich suchte *meinen* Ort.
Der Gang erweiterte sich, wurde hell und freundlich. Ich gelangte zu einem mir aus früheren Imaginationen bekannten unterirdischen Bergsee. Klares, frisches Wasser, umgeben von einem weißen, feinsandigen Strand.

Hohe weiße Felsen ragten in die Höhe und ließen einen strahlend blauen Himmel frei. Ich ging in die Mitte des Sees, tauchte in das kühle Wasser und schaute dann nach oben in eine strahlende Sonne. Alles in mir jubelte! An meinen Füßen sah ich eine straußeneigroße Goldkugel (häufig ein Symbol für einen *weiterführenden* guten Weg). Ich nahm sie in meine Hände und weinte vor Dankbarkeit. Ich fühlte mich so reich beschenkt und wagte kaum, sie zu öffnen.

Die Kugel war mit roter Seide ausgekleidet. Ich entnahm ihr einen kleinen Baum (Lebensbaum), dessen Stamm und Zweige aus Gold bestanden. Er wirkte so zart, so filigran, so kostbar. In meinen Händen verwandelte sich das Bäumchen: Ich hielt eine kleine Palme mit zarten grünen Blättern in der Hand. Ich wußte, daß ich sie pflegen, nähren und beschützen mußte. (Oft haben Imaginierende ein Evidenzgefühl. Sie „wissen" unmittelbar, was sie zu tun haben, ohne nachgedacht zu haben). Das tat ich auch. Das hatte zur Folge, daß die Palme wuchs und wuchs. Ihre Blätter wurden größer und kraftvoller. Ich konnte sie kaum noch halten. Am Bergufer pflanzte ich sie in ein tiefes Loch und setzte mich unter eines ihrer großen Blätter. ‚Nimm mich an', hörte ich sie sagen, ‚so bist auch du angenommen.'

Mir fiel ein, daß ein Palmwedel das indische Symbol für Fruchtbarkeit ist. Ob meine Palme meine geistige Fruchtbarkeit bedeutete? Jedenfalls wollte ich von ihr lernen. Während ich ihre Gegenwart genoß, wog sie sich im Winde.

Plötzlich kam der schwarze Stier aus der Vorhöhle angerannt. Meine Palme beugte ihre weichen Blätter zum Boden hin. Der Stier konnte ihr nichts anhaben. Dann sah ich auch den Jäger, der seinen Speer warf, aber treffen konnte er die Palme nicht. ‚In der Biegsamkeit liegt die

Kraft', sagte sie mir. Daraufhin umarmte ich sie. Ein Gefühl von Demut durchströmte mich. ‚Vertraue mir', hörte ich sie noch einmal sagen, ‚und laß den Dingen ihren Lauf'.‟

Nicht alle Mütter und Väter, die von ihren erwachsenen Kindern angeklagt werden, sind so problematisch, wie sie dargestellt werden. Andererseits erfahren wir immer wieder von Eltern, die ihre Kinder in haarsträubender Weise ablehnen und darum verständlicherweise deren heftigste Aggressionen erfahren. Trotzdem: Kein Mensch findet letztlich den ersehnten Frieden der Seele, wenn er nicht Frieden gefunden hat mit denen, die ihn ins Leben geleitet haben. Bedingung dafür ist glücklicherweise nicht der konkrete Friede mit ihnen – so wünschenswert das sein mag –, sondern der *innere* Friede mit ihnen, der sich dann vielleicht auch konkret auswirken kann.

Eine nicht mehr junge Frau haderte mit ihrer Mutter, weil sie sich noch immer von ihr stark abgelehnt fühlte. Die Mutter hatte das Kind nicht gewollt und schon während der Schwangerschaft ein aggressives Verhältnis zu ihm entwickelt. Wir wanderten zu ihrem „Inneren Kind", um die noch unbewußten Verletzungen zu bearbeiten und, wenn möglich, die Versöhnung mit der alten Zeit anzubahnen. Ihre Niederschrift:

„Mit hochgestreckten Armen ließ ich mich in die Tiefe des Wassers hinabsinken (Wasser ist ein überaus komplexes Symbol. Ganz allgemein symbolisiert es das Unbewußte). Sogleich stellte sich heftigste Angst vor dem Ertrinken ein (Hintergrund war ein reales Erlebnis, als ich 6 Jahre alt war). Während ich nach unten gezogen wurde, schnellten Menschen an mir vorbei an die Wasseroberfläche. Ich kannte sie alle, der letzte war meine Mutter. Ich versuchte, mich an ihrem Bein festzuhalten. Sie versetzte mir jedoch einen Tritt und beförderte mich auf den Meeresgrund. Darüber weinte ich heftig. Unten fand ich meine Großmutter. Sie tröstete mich, bis ich mich beruhigt hatte. Zärtlich sagte sie zu mir: ‚Von hier aus kannst du nur allein weitergehen.' Das fühlte ich auch ganz tief in mir.

Ich begann zu schwimmen und gelangte durch einen Felsentunnel in eine blaue Grotte. Hier erwartete mich ein mir schon aus einer anderen Imagination bekanntes Bild: ein Gebirgssee, eingerahmt von Wiesen und einem Schutzring majestätischer Berge. Die friedliche Seelandschaft ruhte in einer weißen Hand. Über dem Panorama wachte ein Auge. Ich ‚wußte', daß Hand und Auge Gott gehörten. Das gab mir Mut, mich auf dieser Wanderung auf alles einlassen zu können. Ich hatte Schutz, Hilfe, war nicht allein.

Der Grund des Meeres war schwarz (Symbol für tiefe Unbewußtheit). Ich setzte mich gelassen hin und wartete. Ich wußte: Hier und nirgends anders ging es weiter. Allmählich wurde das Wasser klar.

Auf dem Grund lag eine Goldkugel. Ohne zu zögern, schwamm ich darauf zu. Ich setzte mich entspannt, ohne Angst oder Hast, vor sie hin. Es dauerte lange, ehe eine Veränderung eintrat (Immer wieder zeigt sich in Imaginationen, daß nicht nur das aktive Handeln, sondern auch das aktive Warten Veränderungen schaffen kann). Schließlich verwandelte sich die Kugel in einen Embryo.

Der Embryo hatte sich ängstlich an eine Höhlenwand gedrückt. Die Arme hielt er schützend über dem Kopf. Er weinte leise, schien verzweifelt. Tief betroffen sah ich ihn an. Diesem armen Wesen mußte geholfen werden! Ich hockte mich in einiger Entfernung hin und breitete die Arme aus: ‚Komm zu mir! Ich gebe Dir Schutz.' Ich wußte, daß der Embryo den ersten Schritt tun mußte.

Dann erst durfte ich ihm entgegengehen. Ganz langsam löste er sich aus der schützenden Höhlennische und kam auf mich zu.

Doch da trat, blitzschnell und völlig unerwartet, ein Frauenbein mit spitzen Absätzen auf ihn ein, wieder und wieder. Sofort flüchtete er in die Nische zurück, zitternd vor Angst. Eine heiße Welle von Zorn stieg in mir hoch. Wer steckte hinter dieser Attacke? Ich sah niemanden, nur stark bewegtes Wasser.

Noch einmal ermutigte ich ihn, sich mir anzuvertrauen. Und wieder wurde er bedroht: In dem Moment nämlich, in dem der Embryo sich erneut auf mich zubewegte, senkte sich die Seeoberfläche auf uns herab. Da spürte ich sie deutlich: die Bauchdecke meiner Mutter, die den starken Druck auf den Embryo ausübte. Er drohte zerquetscht zu werden. Ich stemmte das Bauchgewölbe hoch und verschaffte ihm freien Raum. Wieder rief ich ihm zu: ,Komm zu mir! Lange kann ich das Gewölbe nicht mehr halten, sonst erdrückt es uns beide.' Er kam. Ich zog ihn auf meinen Arm.

Da hörte ich eine Stimme: ,Ich helfe Dir.' Die weiße Hand steckte den Mittelfinger in die Höhe und wurde zur festen Säule. Ich war entlastet und von tiefem Dank erfüllt. Nun konnte ich mich ganz dem leidenden Embryo zuwenden. Stumm weinte er vor sich hin. Auch ich weinte. Ich streichelte ihn lange.

Nachdem er sich beruhigt hatte, sagte er: ,Niemand auf der Welt will mich.' Ich antwortete: ,Es ist nicht so wichtig, ob Dich die Welt will oder nicht. Gott will Dich.' Und ich zeigte ihm, woher die Hilfe kam. Als der Embryo die weiße Hand und das Auge über sich erblickte, schien er zu fühlen, daß auch er sein sollte.

Er begann zu wachsen, wuchs zu einem kleinen Mädchen heran. Und in dem Kind erkannte ich mich.

Über unseren Köpfen erstrahlte es hell. Die Helligkeit über uns wirkte wie ein göttlicher Schutzring. Lange tauschten wir Zärtlichkeiten aus. Das Mädchen wurde immer heller und strahlender, ‚verstrahlte' sich schließlich in mir.

Ein liebevoller ‚Kick' brachte mich an die Seeoberfläche. Ich fand mich als lichte Mädchengestalt wieder und tanzte auf der Mitte des Sees mit emporgereckten Armen eine Pirouette. Der Tanz war ein Dank an Gott, dafür, daß ich bin.

Ich ging ans Ufer, blickte in ein fruchtbares grünes Tal. Ja, genau dort wollte ich hin. Plötzlich aber spürte ich ein Unbehagen in meinem Rücken. Irgend etwas stimmte nicht. Ich drehte mich um und sah – meine Mutter. Ihre Haltung drückte Schuld und Scham aus. Sie sah verloren aus. Eine seltsame Traurigkeit stieg in mir auf. Ich fühlte, daß ich sie niemals vorbehaltlos würde lieben können. Doch ein *neues* Gefühl, Mitgefühl, stellte sich ein. *So* konnte ich sie nicht zurücklassen. Ich ging auf sie zu, streichelte ihr fast zärtlich die Wange. Dann *kamen* mir die Worte: ‚Wir sind alle aus dem selben Grund hier. Wir sollen sein.' Dann fuhr ich fort: ‚Jetzt kann ich Dir vergeben und kann Dich deshalb auch verlassen.'

Ich wandte mich von ihr ab und schaute auf mein grünes Ziel. Ich war sehr aufgewühlt, auch erschöpft. Aber – da war eine *neue* Ruhe in mir. Ohne Zweifel: So war alles richtig und gut."

Nach der Imagination war die Frau tief bewegt, mehr als das: Ihr wurde klar, daß mit diesem Tag für sie ein neuer Lebensabschnitt begonnen hatte.

Ein älterer Klient hatte ein schweres Schicksal zu tragen. Früh verlor er beide Eltern, die Mutter früher noch als den

Vater. Zwar fehlte ihm keine äußere Zuwendung: Die Verwandten, bei denen er aufwuchs, gaben ihm, was er äußerlich brauchte. Doch seine zarte Seele sehnte sich noch immer – inzwischen ein halbes Jahrhundert lang – nach der Mutter. Es ist leicht vorstellbar, daß die Auswirkungen dieser Problematik auf Körper und Seele nicht unerheblich waren.

Nach einer längeren Reihe von Imaginationen wanderten wir zum „Ort des *eigenen* Lebens". Dieser Wanderung war die zum „Eigenen Haus" vorausgegangen. Was er gefunden hatte, konnte sich sehen lassen. Es war ein beeindruckendes (Lebens)-Haus mit hohen klaren Räumen und einem prachtvollen Saal in der Mitte. Die Rück- und Seitenmauern waren in Felsen eingearbeitet, so daß das Haus jedweden Schutz zu haben schien. Nach vorn ging der Blick in eine weite, wunderschöne Landschaft. Interessant nur war, daß das gesamte Haus auf zartgliedrigen Säulen stand. Sein Grund hätte also zweifellos stabiler sein können. Wahrscheinlich war dieser Unterbau ein symbolischer Hinweis auf die noch ausstehende weitere Arbeit an den alten und noch immer nicht überwundenen Schmerzen.

Nun also zur Imagination, die ihn zum „Ort des eigenen Lebens" führte:

Schon zu Beginn hatte der Klient für ihn unübliche Widerstände. Er fand seinen Weg nicht, atmete schwer, schien ein wenig verwirrt. (Wir kennen diese Widerstände von Imaginierenden, die sich zwar entschlossen haben, ein bestimmtes Ziel zu erreichen, es aber dennoch fürchten).

Nach vielen Mühen gelangte er wieder zu dem jüngst entdeckten eigenen Haus. Wieder war er beglückt, es zu sehen: „Es schwebt wie ein Regenbogen auf Säulen." Er wandte sich seinem „Kronsaal" zu. „Es ist, wie wenn ich angekommen wäre", sagte er. Er war stolz auf seinen

Saal, aber – er fühlte sich auch einsam. Etwas fehlte noch in diesem Haus.

Auf meine Anregung hin ging er in einen tiefer gelegenen Raum. Darin fand er eine Werkstatt.

Alles roch nach Holz. Alle wichtigen Geräte zur Holzbearbeitung standen ihm zur Verfügung. Da kam ihm eine Idee, und diese Idee leitete die Wende seines noch immer zu stark sehnsüchtigen Lebens ein.

Er suchte sich ein passendes Holz, dazu ein Gerät und begann zu gestalten. Was gestaltete er? Eine Skulptur. Eine Höhle, wie er sagte. Eine Höhle? Ja, eine helle Höhle. Er polierte sie, betastete sein Ergebnis und war höchst zufrieden. Er fand es „aufregend und schön". Dann wurde er präziser: „Diese Höhle ist eine Gebärmutter, meine eigene Gebärmutter. Was darin geboren wird, stammt von mir, ist mein *eigenes* Leben." Er war tief beglückt. Dann legte er die Skulptur an die Mitte seines Körpers. Sie wuchs in ihn hinein. Die von ihm geschaffene „Gebärmutter" war ihm zueigen geworden. (Das Einswerden mit dem, was wir verloren oder uns noch nicht angeeignet haben, gehört zu den wichtigsten inneren Vorgängen).

Nun spürte er seine „Gebärmutter" in sich, spürte, daß sie sich in ihm ausbreitete und ihn ausfüllte. „Ich habe das Gefühl, daß sie mir eine klare Struktur gibt, Klarheit und Festigkeit."

Dann stand er auf, ging wieder nach oben, wanderte durch sein ganzes Haus und sagte: „Ich bin total eins mit mir." Noch einmal betrat er den „Kronsaal" und fühlte sich weiterhin „total eins" mit sich.

Nach der Imagination blieb er lange mit geschlossenen Augen sitzen. Sein Gesicht wirkte völlig entspannt. Er lächelte vor sich hin. Er war sehr, sehr froh.

Im Nachgespräch brauchte ich nicht viel zu sagen. Er sagte: „Daß ich anfangs so viel Mühe hatte, hing mit meiner Mutter zusammen. Ich wollte mich nicht von meinem alten Schmerz trennen. …

Als sie mich verließ, nahm sie meine innere Struktur und meine Festigkeit mit sich. Nun brauche ich die Mutter nicht mehr, auch nicht mehr die Sehnsucht nach ihr. Ich habe mir meine eigene Mutter gestaltet. Ich bin mir selbst zur Mutter geworden. Das ist für mich wie ein Wunder. Ich habe mich fürs Leben entschieden, für mein *eigenes* Leben."

Zum Abschluß will ich noch eine kurze Imagination vorstellen, die wieder deutlich zeigt, was es heißt, zum alten verletzten Leben noch einmal Stellung zu beziehen.

Vor mir sehe ich einen jungen, sympathisch wirkenden Mann, der beruflich viel erreicht, doch in seinen Beziehungen zu Menschen Schwierigkeiten hatte, nicht zuletzt wegen seines Mangels an Durchsetzungskraft. Ganz offensichtlich war er bislang wenig er selbst geworden. Im Lauf der Gespräche, vor allem aber der Imaginationen, zeigte sich sein schwieriges Verhältnis zu den Eltern. Nein, er hatte ihnen wenig Konkretes vorzuwerfen. Sie waren für ihn nur wenig greifbar gewesen, sie hatten ihn auch wenig im Blick gehabt. Er war, so schien ihm, „nebenbei" aufgewachsen. Daher konnte er zu ihnen kaum innere Beziehungen entwickeln – und später, so schien es, auch zu anderen Menschen nicht.

Nachdem wir uns längere Zeit dieser Thematik zugewandt hatten, wanderte er zum „Ort der Großen Verabschiedung":

Die Mühen beim Einstieg in die innere Welt zeigten bereits, daß er sich vor der Wiederbegegnung mit der Vergangenheit fürchtete. Das Gewölbe, durch das die Wendeltreppe ihn nach unten führte, war dunkel. Unangenehme Laute drangen an sein Ohr. Erst nach längerer Zeit veränderte sich die Szene:

Er sah eine Stadt. Dann erkannte er sie als die, in der er aufgewachsen war. Widerstrebend suchte er die Straße, in der er gewohnt hatte. Schließlich fand er sie. Sein Elternhaus lag in Trümmern (in der Realität nicht). Lange dauerte es, ehe er bereit war, in den Trümmern nach Menschen zu suchen. Sein Blick fiel zuerst auf einen vierjährigen Jungen, der im alten Flur auf einem Stein saß. Er näherte sich ihm und schwieg. Er war erschüttert, denn er erkannte in dem Jungen sich selbst. (Auch ich war erschüttert, besonders aber deshalb, weil er an sich selbst vorbeigehen wollte. Erst auf meine Anregung hin nahm er sich des Kindes an).

Er nahm den Jungen an die Hand und suchte nun zielstrebig die Eltern. Im hinteren Teil des ehemaligen Hauses saß eine schwarzgekleidete Frau auf einem Steinbrocken: seine Mutter. Ihr Gesicht war nach vorn gebeugt, die Hände lagen schlaff in ihrem Schoß. Sie lebte nicht mehr (in der Realität sehr wohl). Auch dieser Anblick löste tiefe Erschütterung in dem Imaginierenden aus.

Weit weg von der Mutter fand er den Vater. Der war verzweifelt, doch so sehr mit sich selbst beschäftigt, daß er das Kommen des Sohnes kaum bemerkte. Als der Sohn den Vater in diesem Zustand sah, übertrug sich dessen Verzweiflung auf ihn.

Alle drei hatten weit voneinander entfernt gesessen ...

Der Mann blieb längere Zeit in den Trümmern seines Elternhauses stehen und ließ seine Gefühle auf sich wirken. Er wich ihnen nicht aus. Was aber sollte er nun tun?

Den Vierjährigen, der er selber war, hatte er schon wieder vergessen. Nun erinnerte er sich seiner wieder und wandte sich ihm zu. Beide weinten. Und sie weinten lange.

Dann schien sich ein *neues* Gefühl zu entwickeln. Der Mann nahm den Jungen fester an die Hand, machte mit ihm einen letzten Rundgang durch das gesamte Trümmerfeld – und verließ mit ihm das alte Haus, die alte Straße, die alte Welt.

Er „wußte", wohin er wollte. Zielstrebig wanderte er, den Vierjährigen sorgsam beschützend, zum „Großen Strom". Und je weiter sich beide von dem trostlosen Trümmerhaufen entfernten, desto größer wurde der Junge.

Schließlich lag der Strom vor ihnen. Sein Wasser war klar. Seine Fluten wirkten ruhig-bewegt. Über allem stand die Sonne und wärmte die beiden.

Das Kind hatte inzwischen die Größe des Mannes erreicht. Beide umarmten sich und wurden zu einer Gestalt. Deutlich spürte der Imaginierende einen *Zuwachs* an Kraft.

2. DIE VERBORGENE FREIHEIT

Was ist das Besondere am Menschen? Seine Fähigkeit, nicht nur Objekt der äußeren oder inneren Welt zu sein, sondern sich beiden gegenüber frei einstellen und verhalten zu können. Deshalb gibt es bei der Entwicklung der Persönlichkeit kaum Wichtigeres als die Förderung gerade dieser Fähigkeit: der Freiheit.

Dieser Gedanke war in anderen Zeiten schon attraktiver als in der unseren. Er wird zwar allgemein bejaht, konkret jedoch so ernst nicht genommen. Sehr ernst genommen wird dagegen die Suche nach den *Bedingungen*, die das Leben tatsächlich oder nur scheinbar erleichtern können. Nur einige Beispiele: Die Arbeit an jungen und alten Menschen besteht an vielen Orten primär darin, ein umfassendes *Angebot* an Veranstaltungen zu präsentieren. – Die therapeutische Versorgung seelisch oder (psycho-) somatisch Erkrankter beschränkt sich häufig auf eine großzügige Verordnung von *Medikamenten*. – Familien meinen, zunächst jedenfalls, „alles" zu haben, wenn sie so eingerichtet sind, wie es dem *technologischen* Stand der Zeit entspricht.

Nicht gute Lebensbedingungen sind problematisch, sondern die Illusion, sie reichten zu einem gelingenden Leben aus.

Es ist auch ganz hervorragend, daß in den letzten Jahrzehnten dem Körper eine außerordentliche Beachtung geschenkt wird (gesunde *Ernährung!*). Die Begeisterung für den Geist dagegen ist so ausgeprägt nicht. Dabei wartet er nicht weniger auf gute Ernährung als der Körper! – Wir schenken auch endlich der *Um-Welt* mehr Beachtung. Weit weniger Beachtung dagegen schenken wir der *Innen-Welt*. Wir sind erschrocken darüber, daß die äußere Welt bedroht ist, und das ist gut. Wir sind zu wenig erschrocken darüber, daß auch die innere Welt bedroht ist, und das ist beängstigend. Worauf will ich hinaus?

Darauf, daß wir das *Beste* in uns wiederentdecken und ins Leben bringen sollten. Denn wenn wir die im unbewußten Geist begründete Freiheit *leben*, wird vieles um uns herum auch lebendig sein.

Ich plädiere nicht für einen Rückzug in bloße Innerlichkeit. Ein solcher Rückzug wäre gleichbedeutend mit einem Rückzug aus der Welt, in der wir leben, und für die wir verantwortlich sind, weil sie *unsere* Welt ist. Ein solcher Rückzug wäre auch ein grobes Mißverständnis des Geistes, der, weil er intentional ist, Leben – und zwar das ganze Leben – *gestalten* will. Ich plädiere für ein neues, leidenschaftliches Interesse an den starken Kräften des Unbewußten, weil sie darauf warten, gelebt, ins *konkrete* Leben ausgelebt zu werden. Und nur dann, wenn wir uns wieder *diesen* Kräften zuwenden, werden wir auch die künftigen ökologischen Aufgaben erfüllen und damit unsere Lebensbasis sichern können.

Es gibt bekanntlich vieles, was wir *nicht* ändern können, weder in uns noch draußen in der Welt, denn Leben ist ambivalent. Schwierigkeiten und Leiden bleiben Bestandteile des Lebens. Gerade darum aber brauchen wir *auch* die Fähigkeit, mit Problemen, die nicht veränderbar sind, so gut wie möglich umgehen zu können. Die Fähigkeit, leiden zu können (ich spreche nicht von Leidenswilligkeit!), gehört in dieser Zeit jedoch zu den Werten, die sich keiner besonderen Gunst erfreuen. Das aber hat zur Folge, daß die Frustrationsschwelle immer schmaler wird.

Warum ist das so? Ein Grund dafür liegt in der Überbetonung der *Wünsche* und der damit verbundenen Forderung nach optimalen *Lebensbedingungen*, ein anderer im Mangel an Kenntnis der *Kraft* der im unbewußten Geist gegründeten Freiheit. Daraus resultiert der Mangel an Erfahrung, daß gerade die ungewollten Herausforderungen des Lebens – wenn sie angenommen werden – zu vertiefter Sinnerfahrung führen können. Wer aber nicht gelernt hat, das, was er nicht mag, nicht will, nicht wünscht, was aber trotzdem auf ihn zukommt, annehmen und *gestalten* zu können, wird von einer existentiellen Frustration in die andere geraten.

Es ist bekannt, daß der Körper, der zu wenig bewegt und herausgefordert wird, erschlafft. Weniger bekannt scheint zu sein, daß der Geist, der zu wenig bewegt und herausgefordert wird, nicht weniger erschlafft. Er wird, wie der Körper, träge, lustlos, initiativlos, frustriert. Der Geist aber ist die Mutter der Freiheit! Wird der Geist frustriert, entwickelt er wenig Neigung, nach Werten zu suchen. Sucht er zu wenig nach Werten, findet er wenig Sinn. Findet er wenig Sinn, vernachlässigt er auch irgendwann seinen Körper. Vernachlässigt er den Körper, verliert der Geist seine vitale Basis, ohne die er sich nicht ausreichend entfalten kann.

Es sind – vor allem in der Psychotherapie – viele Methoden, Verfahren und Hilfen entwickelt worden, die die freie Gestaltung der inneren und äußeren Wirklichkeit fördern. Davon soll jetzt nicht die Rede sein. Stattdessen möchte ich Ihnen wertorientierte Imaginationen vorstellen, die die unbewußten Wurzeln der Freiheit beleben.

Der Mann, von dem die folgende Imagination handelt, gehört zu den vielen Menschen, die innerlich reich ausgestattet sind, in früher Zeit jedoch daran gehindert wurden, ihre Kräfte ausreichend entfalten zu können. Das hatte dann zur Folge, daß sie sich im Lauf der Zeit an ihr defensives Verhalten Menschen gegenüber gewöhnten – jedenfalls im privaten Bereich.

Beruflich fühlte sich der Mann sicher. Das ist nicht verwunderlich, denn der Einstieg ins (technische) Berufsleben fand in einer Umgebung statt, in der er nicht, wie zu Hause, „gegängelt" wurde. Man erkannte rasch seine Talente und die Weite seiner Persönlichkeit. Als er zu mir kam, wirkte er jedoch – es ging ja um „private Dinge" – gebremst und unfrei, wie er selbst sagte. Nach einer längeren Imaginationsreihe wanderte er mit mir zum „Ort der inneren Befreiung":

Schon bald roch er Feuer. Gespannt ging er darauf zu und fand zu seinem Erstaunen einen Lagerplatz mit Zigeunern. Eine alte Frau, die auf ihn zukam, wollte ihm unbedingt Karten legen. Das wollte er nicht – und ließ es trotzdem geschehen. Nachdem er sich auf sie eingelassen hatte, zeigte sie ihm den weiterführenden Weg, der in einer felsigen Grabkammer endete.

Auf der Steinplatte des Grabes standen die Wörter: „Gefesselt und eingewickelt". Der Ort war ihm unheimlich. Er nahm allen Mut zusammen und hob, wenn auch „mit großen Hemmungen", die auf dem Grab liegende Platte ab. Sein Blick fiel auf ein kaum erkennbares, leblos wirkendes Kind, das man mit einem starken Seil eingewickelt hatte. Er war tief erschüttert, denn er ahnte, um welches Kind es sich handelte.

Nachdem er sich gefaßt hatte, nahm er es auf den Arm, entwickelte es (welch beeindruckendes Bild für das, was wir Persönlichkeitsentwicklung nennen!) und drückte es zärtlich an sich. Mehr und mehr kehrten die Lebensgeister in den Jungen zurück.

Dann geschah es: Der Wanderer sah in seine *eigenen* Kinderaugen, sah seine Not von damals und hatte plötzlich das klare Gefühl: Damals *mußte* ich erdulden, was mit mir geschah, heute *kann* und werde ich diesem Kind (dem personifizierten früheren und noch immer aktuellen Leiden) beistehen. Wieder und wieder schenkte er ihm seine Liebe und reichte ihm die Zuwendung nach, die es damals schmerzlich vermißt hatte.

Daraufhin schloß sich ganz von selbst das Grab. Die Felswände fielen in sich zusammen. Eine festlich geschmückte Halle tat sich auf. Die beiden wurden bereits erwartet – von vielen Menschen. Ein letztes Mal umarmte der Mann sein Kind. Dann wurden die beiden eins.

Noch einmal öffneten sich die Grenzen. Der Mann stand in einer herrlichen Landschaft, durch die ein breiter heller Strom dem Horizont entgegenfloß. Am Strom standen wieder viele wartende Menschen. Ihre Fröhlichkeit übertrug sich auf ihn.

Als er sein neues Land ausreichend genossen hatte, sagte er mit lauter und fester Stimme: „Nie mehr, nie mehr werde ich mich einwickeln lassen. Von nun an bin ich frei."

Eine Frau in mittleren Jahren, die aufgrund ihrer inneren Struktur dazu neigt, möglichst alles haben zu wollen, wanderte zum „Ort der Freiheit":

Auf einer Wendeltreppe begab sie sich in die Tiefe. Die Stufen waren hart, kalt, metallisch. Die Schritte hallten von den Felswänden wider. Ungeduld packte sie. Je ungeduldiger sie jedoch wurde, desto länger wurde die Treppe. Kalte Luft strömte aus der Tiefe zu ihr herauf. Sie kam an eine Stelle, an der der Weg nur nach links oder rechts führte. Als sie sich dem linken zuwandte, erspürte sie eine Sackgasse. Also wandte sie sich nach rechts. Der Windzug verdichtete sich.

Der Weg führte sie weiter in die Tiefe. Dunkelheit umgab sie. Wasserlachen übersäten den Boden. Wieder hörte sie das Echo ihrer Schritte. Sie fühlte sich einsam. Zugleich ahnte sie, daß diese Wegstrecke zu ihrem ganzen Weg dazugehörte. Nach geraumer Zeit verringerte sich die Dunkelheit. Helligkeit kam auf. Die Wanderin sah einen „Ausgang". Dann verwandelte sich die Helligkeit in gleißendes Licht. Als sich ihre Augen daran gewöhnt hatten, erkannte sie, daß sie sich im Gebirge befand.

Tief unter ihr lag ein idyllisches Dorf in einem wunderschönen Tal, durch das ein Bach floß. Die Berghänge mit ihren duftenden Nadelbäumen reichten bis ins Tal hinein. Sie waren jedoch so steil, daß das Tal von hier aus schwer erreichbar war. Über ihr ragte ein mächtiges Gebirgsmassiv auf, majestätisch und von großer Schönheit. Auch die Gipfelwanderung schien von hier aus nicht leicht möglich zu sein.

Die Frau begann bitterlich zu weinen. Sie fühlte sich zerrissen. Sie wäre so gern ins Dorf gegangen, ebenso gern auch auf den Gipfel. So gern hätte sie *beide* Ziele erwandert. War dies etwa der „Ort der Freiheit"?

Ich fragte sie, in welchem Bereich des Körpers sie Freiheit fühle. Sie brauchte nicht lange zu suchen. Spontan zeigte ihre Hand auf ihre *Mitte*, kurz unterhalb des Nabels (In Japan nennt man diesen Bereich Hara). Ob sie in diese Mitte *sehen* könne, fragte ich weiter. Da sah sie eine wunderschöne Höhle und ging in sie hinein. Sogleich zog tiefe Ruhe in sie ein. „Hier ist alles ganz klar. Auch ich werde ganz klar. Hier ist Klarheit und Frieden", ließ sie sich sagen, „auch ich bin ganz klar und ganz Frieden."

Als sie ihren Blick nach oben richtete, entdeckte sie „einen riesigen Sternenhimmel". Doch ehe sie sich's versah, wurde sie emporgehoben – den Sternen entgegen.

Sie schaute auf die Erde nieder, staunte über die riesigen Wälder, besonders aber über den seltsamen Wind, der darüber hinwegwehte. „Das ist Geist, der über den Wäldern weht", sagte sie aufgeregt, und dann, ruhiger: „Der Geist ist auch in mir. Ich bin Teil dieses Geistes … Ich gehöre dazu …"

Wieder weinte sie lange, dieses Mal jedoch aus Erschütterung über das ungewöhnliche Erleben. Nach langer Zeit des Schweigens sprach sie noch einmal: „Alles gehört zusammen – und ich gehöre dazu. Es ist alles ganz tief, ganz umfassend."

Im Nachgespräch sprachen wir wenig, nur darüber, daß im Hebräischen „Wind" gleichbedeutend ist mit „Geist" und „Leben".

Frei bin ich, wenn ich in meiner Mitte bin. Die Mitte ist der „Ort" der Seele, an dem ich im Gleichgewicht bin. Die Mitte der Seele ist der Geist. Bin ich im Geist, so bin ich, so weit die Grenzen des Lebens es erlauben, frei.

Zur Mitte des Meeres (Meer ist auch ein Symbol für unerschöpfliche Lebenskraft) wanderte ein Mann, der aufgrund seiner Lebenssituation auf seine Eigenhilfe angewiesen war wie nie zuvor. Sein Ziel war die „Kraft des Geistes". (Diese Imagination mag auch verdeutlichen, daß Geist alles andere als ein bläßliches psychisches Phänomen ist, sondern höchst lebendige Wirklichkeit):

Nach längerem Einstieg gelangte der Wanderer an den Strand eines Meeres. Von dort aus ging er über den Grund zu dessen Mitte. Er staunte über die wunderschönen Pflanzen, spielte mit den Fischen (insbesondere den Delphinen), freute sich an den bunten Muscheln und ließ es sich gutgehen. Schließlich erreichte er die Mitte des Meeres. Er wunderte sich darüber, daß um sie herum ein leuchtender Kreis zu sehen war. (Symbol für Ganzheit).

Aus dessen Mitte sprudelte ganz klares, lebendiges Wasser hervor. Nach einigem Zögern entschloß er sich, in den Kreis hineinzugehen und sich dem sprudelnden Wasser hinzugeben. Dadurch wurde er sehr erfrischt.

Plötzlich strahlte aus der Tiefe der Mitte starkes Licht auf. Ohne Bedenken ließ er sich in dieses Licht fallen. Nach und nach flutete es durch seinen ganzen Körper. Und nun erlebte er etwas, was ihm völlig unbekannt war: Das Licht, das durch ihn hindurchströmte, wirkte in ihm als „ungeheure Kraft", die ihn Teil um Teil eroberte. Die Wirkung war außerordentlich. Er schwieg lange. Dann, am Ende der Wanderung, hörte ich ihn nur sagen: „Das ist Geist aus der Tiefe."

(In der Nacht darauf hatte ich selbst einen Traum, in dem mir aufging: Wer in seiner Mitte lebt, kann aus der sich daraus entwickelnden Freiheit selbst mit dem Schwersten leben).

Eine weitere Imagination: Ein Mann, dessen ganzes Leben nur noch um Wirtschaft und Geld kreiste, empfand zunehmend, daß er viel zu sehr von seinem Besitz abhängig geworden war. Was er dachte, fühlte und tat – fast alles drehte sich um sein Haben, kaum etwas um sein Sein. Und das bedrückte ihn. Nach einer Reihe von Imaginationen wanderte er mit mir zum „Ort der inneren Freiheit". Er hatte sein Ziel erreicht, als er auf dem Gipfel eines Berges stand. An diesem Ort hätte er die Wanderung beenden können, empfand jedoch das Bedürfnis, weiterzugehen. Er sollte es nicht bereuen:

Die Treppe, die ihn in die innere Welt führte, schien nicht enden zu wollen (ein Hinweis darauf, daß er sich tief ins Unbewußte eingelassen hatte). Lichter an den Felswänden beleuchteten seinen Weg, der ihn zunächst zu einem Feuer führte. Dort wurde er, wie er „wußte", erwartet. Und was er zu tun hatte, „wußte" er auch:

Er ging ins Feuer hinein. In *diesem* Feuer aber verbrannte er sich nicht nur nicht, es „befreite" ihn sogar. Danach beglückte ein Schauspiel verschiedenster roter Farben seine Sinne.

Über eine Treppe ging er weiter in die Tiefe, in der sich ihm bald eine helle, von Licht durchflutete Landschaft zeigte. Doch auch hier war er noch nicht am Ziel. Er wanderte in einen Berg hinein und stieß auf einen Wasserfall, dessen Wasser mächtig toste (Symbol für Lebenskraft). Einen Augenblick war er ratlos, weil er nicht wußte, wie er ihn bewältigen sollte. Da sah er einen Weg, der *durch* den Wasserfall führte. Die Wasser schlugen zwar über ihm zusammen, er ging jedoch mutig und gestärkt durch sie hindurch.

Schließlich erreichte er ein Gebirge, auf dessen Gipfel ein Kreuz stand. Oben angekommen, hatte er „eine unheimlich tolle Fernsicht". Sein Herz weitete sich. Er fühlte sich frei, ganz frei. Von einer Stadt im Tal stiegen Rauch und Lärm auf. Der Verkehr brauste, er aber war allem weit entrückt. Nichts konnte ihn beunruhigen, nichts ihn belästigen. Er sah zwar, was sich in der Welt der Menschen tat, sein Gefühl von Freiheit jedoch wurde dadurch nicht gemindert. Er war am Ziel. Was er sah und erlebte, ließ er lange auf sich wirken.

Dann schaute er nach oben – in die „Mitte des Himmels". Und was er dort erblickte, überwältigte ihn: Er sah ein goldenes Feuer. Nachdem er es lange betrachtet hatte, sagte er: „Das ist ein Feuer, das nicht jeder sieht." (Ein für ihn unüblicher Satz). Das Feuer (Symbol auch für das Göttliche) strömte große Liebe und Freundlichkeit aus. Dann hörte er es sagen: „Ich bin das Leben." Er schwieg, war tief ergriffen. (Nicht selten hören sich Imaginierende bedeutsame Sätze sagen, die ihrem bekannten Sprachschatz völlig fremd sind. Manchmal können sie diese Sätze gleich *nach* der Imagination nicht mehr erinnern).

Bald nahm das Feuer die Form eines von Gold umrandeten Herzens an. (Herz hier als Symbol für die Mitte der Welt). Während der Mann es betrachtete, fühlte er sich „wie ein Kind auf den Armen der Mutter". Ein tiefes Gefühl von Geborgenheit durchströmte ihn. Er schwieg lange.

Dann sah er, wie sich das Feuerherz in ein kristallklares Wasser hinabsenkte. Er folgte ihm. „Zeitlos" schwamm er ihm nach (Zeitlos fühlen sich Imaginierende manchmal dann, wenn sie in besonders tiefe Schichten des Unbewußten vorgedrungen sind). Er schwamm mühelos und leicht, frei von jeder Anstrengung, während über ihm die Sonne schien.

Inzwischen war es Nacht geworden. Hell stand der

Mond über dem Wasser. Er schwamm immer weiter, immer dem Feuerherzen nach. Irgendwann hörte ich ihn sagen: „Mir fehlt gar nichts."

Ein neuer Tag brach an. Die Sonne tauchte aus den Tiefen empor. Der Mann schwamm noch immer in der „unendlichen Weite" des Wassers. „Ich will nichts anderes mehr sehen", hörte ich ihn wieder sagen.

Da entdeckte er ein Segelschiff, das langsam auf ihn zukam. Ihm folgten ein Raddampfer und Schiffe anderer Art. Alle luden ihn ein, mitzukommen. Doch keinem Schiff mochte er sich anvertrauen. „Ich warte auf *das* Schiff", sagte er nur. Und es kam: ein Schiff besonderer Art, das er nicht beschreiben konnte, weil er viel zu sehr mit ihm beschäftigt war. Er bestieg es und fuhr mit ihm in *den* Hafen ein, den er von weitem schon als seinen eigenen erkannt hatte.

3. DER VERBORGENE MUT

Was ist Mut, und wie erfahre ich ihn?

Mut, das ist das starke Gefühl, nicht nur Objekt innerer oder äußerer Bedrängnisse zu sein, sondern darauf Einfluß nehmen zu können. Mut, das ist das starke Gefühl, Schwierigkeiten gewachsen und sie so weit wie möglich zu verändern imstande zu sein. Mut, das ist die *jedem* Menschen im *Grunde* gegebene Möglichkeit, sich durch die Angst „hindurchzuglauben" und ihr so wenig Raum wie möglich zu überlassen. Mut, das ist der bewußt einseitige Blick auf die *Möglichkeiten*, die im Leben liegen.

Mut ist das Gefühl, das sich bei dem einstellt, der sich gegen einengendes, leeres, krankmachendes Leben empört – das Gefühl, das sich bei dem einstellt, der sich wieder einmal auf sich *selbst* besinnt und dem bewußt wird, daß er kraftvoller ist, als er gedacht hat.

Keineswegs ist Mut nur eine angeborene Eigenschaft, keineswegs auch nur das Ergebnis einer klugen Erziehung. Mut ist auch, vielleicht sogar im besonderen, ein geistiger Akt. Denn Mut kommt in dem Maße auf, in dem ein Mensch sich fühlbar nahekommen läßt, was er will und was ihm wichtig ist, dann also, wenn er sich so klar wie möglich *jenen* Wert vor Augen führt, den er leben will. Und wenn er ihn lebt, ist er um eine Sinnerfahrung reicher. Das heißt: Mut und Sinnerfahrung werden aus der inneren *Beziehung* zwischen dem sich auf sich selbst besinnenden Menschen und dem auf seine Verwirklichung wartenden Wert entwickelt.

Wie sieht das in der Praxis aus?

Nehmen wir an, jemand hat es satt, sich wie bisher nach den Vorstellungen und Meinungen anderer Menschen zu richten und nicht *sein* Leben zu leben. Nehmen wir an, er sehnt sich danach, endlich frei tun zu können, was *ihm* entspricht.

Ob Sie einmal die Augen schließen und die Frage auf sich wirken lassen: Was wäre, wenn ich weniger Angst hätte vor dem Urteil anderer Menschen?

Bevor Sie sich dieser Frage zuwenden, lassen Sie einen Augenblick Ihre Gedanken abfließen.

Mir kommen diese Ein-Fälle:

Ich wäre weniger bekümmert ... Mir wäre leichter ums Herz ... Meine Brust würde sich ausweiten ... Mein Atem ginge tiefer ... Viele Fragen würde ich nicht mehr stellen ... Viele Antworten müßte ich nicht mehr suchen ... Ich würde mich viel mehr auf mich selbst besinnen ... Ich wäre gesammelter ... Ich wäre sachlicher ... Mein Blick wäre freier für Wesentliches und Wichtiges ...

Ich bliebe mir mehr treu ... Ich wäre weniger krank ... Ich

54

spürte mehr meine Kräfte ... Ich würde mehr wagen ... Ich würde andere mehr herausfordern ... Ich würde mich selbst mehr herausfordern ... Ich wäre weniger aggressiv ... Ich hätte weniger Angst vor Menschen ... Ich ginge leichter auf sie zu ... Sie kämen leichter auf mich zu ... Ich hätte ihnen gegenüber weniger Vorurteile ... Ich bräuchte mich weniger zu schützen ... Ich wäre anderen gegenüber offener ... Sie würden mich mehr mögen ...

Ich würde tiefer schlafen ... Ich stünde lieber auf ... Ich ginge gutgelaunt in den Tag ... Andere würden mich häufiger anlächeln ... Das Leben würde mehr Spaß machen ... Wir würden oft miteinander lachen – und manchmal vielleicht auch miteinander weinen ...

Ich würde das Leben mehr lieben ... Ich würde mehr vom Leben sehen ... Ich wäre weniger egoistisch ... Ich täte mehr für andere ... Verantwortung wäre mir weniger lästig ... Ich könnte leichter lieben ... Ich könnte auch leichter an die Liebe glauben ... Ich würde mir mehr meine eigenen Gedanken über das Leben machen ... Ich hörte auch gern zu, wenn andere ihre Gedanken äußerten ...

Herz und Kopf wären mehr eins ... Ich selbst wäre mehr mit mir eins ... Auch mit dem Leben wäre ich mehr eins ... Ich hätte mehr Mut zum Leben ...

Seltsam: Während ich mich für die Frage öffnete, kamen mir nicht nur Ideen. Mir kamen auch Gefühle, starke Gefühle, auch der Wunsch, sie zu erleben. Auch mein Körper veränderte sich. Die Müdigkeit verlor sich. Der Körper richtete sich, unbeabsichtigt, auf. Ganz deutlich spürte ich, daß Mut eine lebendige innere Wirklichkeit ist, die darauf wartet, ausgelebt zu werden.

Mut ist ein Existential, also ein zu jeder menschlichen Existenz gehörendes Phänomen – jedenfalls den Möglichkeiten nach. Die Erfahrung zeigt jedoch, daß die Möglichkeiten nicht allen immer offenstehen. Das hat verschiedene Gründe. Selbstverständlich spielt dabei die Individualität und der Typus eines Menschen eine große Rolle, selbstverständlich auch der Verlauf seiner Lebensgeschichte. So oder so: Was immer ursächlich die Entwicklung von Mut behindert – in jedem Fall sind die *Zugänge* zum Mut, der im unbewußten Geist seinen Grund hat, blockiert. Sind aber die Zugänge im Unbewußten blockiert, dann ist dort auch der „Ort", an dem sie (wieder) erweitert oder geöffnet werden müssen.

Wie das möglich ist, haben wir im Ansatz erlebt, als wir uns vorbewußt Ein-Fälle zu der Frage kommen ließen, was wohl wäre, wenn wir keine Angst mehr vor dem Urteil anderer Menschen hätten. Wie die Erschließung des Mutes im Unbewußten aussieht, will ich jetzt an zwei wertorientierten Imaginationen zeigen.

Ein feinsinniger, künstlerisch begabter Mann hatte das Problem, sich nicht genug durchsetzen zu können. Er ging manchem Konflikt aus dem Wege und konnte nur einen Teil seiner Begabungen ausleben. Er litt sehr unter seinem Mangel an Mut. In einer Gruppenimagination erlebte er ihn:

Nach längerer Wanderung gelangte er zu einer „trutzig befestigten Stadt", von der er nur die mächtigen Mauern sah. Sie wirkten dicht und abweisend auf ihn. Er sah in ihnen keine offene Stelle. Dann erzählte er weiter:

„An einem kleinen Tor klopfte ich an. Nach einer Weile öffnete sich ein Schieber, hinter dem ein rauhes, bärtiges Gesicht mich fragte: ‚Was willst du?' Meine Antwort: ‚Ich möchte in die Stadt!' Der Bärtige: ‚Die Stadt ist dicht, abgeschlossen. Da kommt keiner hinein. Wir haben die Pest in der Stadt.'

Ich schreckte zurück und dachte, ich könnte mich mit einem im Hafen liegenden Schiff, das ich auf dem Wege gesehen hatte, in Sicherheit bringen. Doch noch während ich dies dachte, wandte ich mich unvermittelt an den Mann und sagte fest, deutlich und unmißverständlich: ‚Ich habe keine Angst vor der Pest. Ich bin Arzt. Laß mich hinein.' (An dieser Stelle empfand ich zum ersten Mal Mut und Zielstrebigkeit.) Der Mann zuckte, überlegte, dann öffnete er mir das Tor und ließ mich ein.

Ich stand auf der Hauptstraße. Sie war nicht sehr breit. Rechts und links schlichen sackig-verhüllte Gestalten in den Gassen umher. Es roch faulig und nach Rauch. Entlang der Straße kauerten vereinzelt Menschen – abwesend, verhüllt. Ich sah einfache Häuser, aus denen dann und wann ein Schmerzensschrei drang. In einem Wasserkessel vor einem Haus wurde gekocht, jemand rührte und stocherte teilnahmslos darin herum. Ich ließ dieses bedrückende Treiben auf mich wirken. Dann wußte ich: Hier bist du richtig. Hier wirst du gebraucht.

Ein alter, klappriger zweirädriger Holzkarren kam mir langsam entgegen. Ein Ochse zog ihn. Eine männliche Gestalt – sackig eingehüllt, die Kutte über den Kopf gezogen, so daß das Gesicht nicht sichtbar war, leicht nach vorn gebeugt, monoton mit den Fahrtbewegungen wippend – saß auf dem Bock.

Mir schien, daß ich den Karren nicht an mir vorbeifahren lassen durfte. Ich befürchtete, man würde Menschen, die noch nicht ganz tot waren, wegkarren. Vielleicht konnte ich helfen. Deshalb fragte ich den Mann auf dem Bock, was er mit sich führe. Monoton, teilnahmslos entgegnete er: ‚Was fragst du? Sieh nach.'

Er hielt den Wagen an. Ich stieg auf den Karren und blickte auf drei gebettete, mit Sackleinen zugedeckte Leiber. Langsam zog ich das Sackleinen ab und sah auf drei unversehrte, überraschenderweise höchst lebendige junge Menschen: ein kleines hübsches, goldlockiges Mädchen, einen gleichaltrigen Jungen und daneben einen etwas größeren Jüngling. Im Nu sprangen sie auf und liefen davon. Ich war erstaunt, ganz erfüllt von diesen schönen Erscheinungen und ‚wußte‘, daß ich sie gerettet hatte.

Ich ging weiter und sah in der Nähe eines Hauseingangs einen Mann zusammengekauert sitzen. Er blickte monoton vor sich hin und spielte mit einer Ziehharmonika traurige Melodien. Ich meinte, Pestbeulen an ihm zu erkennen, auch seine Hände schienen bereits von der Krankheit gezeichnet zu sein. Ich beugte mich zu ihm hinab, um ihn besser erkennen zu können. Vielleicht konnte ich auch für ihn etwas tun. Da sah ich – über seiner rechten Schulter – einen Schalk auf einem Stein sitzen: eine bunte, zwergig wirkende verwachsene Gestalt – schrill und wild auf einer Flöte pfeifend. Ich fragte ihn, wer er sei. ‚Ich bin sein Schalk‘, antwortete er. ‚Was machst du?‘ ‚Ich passe auf, daß er nicht in seinen traurigen Melodien versinkt. Also flöte ich schrille und lustige Töne dazwischen. Die halten ihn wach und lebendig.‘ Das beeindruckte mich. Nachdem ich eine Weile dem Zusammenspiel zugehört hatte, wußte ich den Mann erst einmal versorgt. Ich ging weiter.

Vom Marktplatz her hörte ich ein buntes, aufgeregtes Treiben und Stimmengewirr.

Aus der Ferne sah ich in Sackleinen gekleidete Menschengruppen. Gut, daß man hier so etwas veranstaltet, dachte ich. In dieser fauligen, kranken und gequälten Stadt tut Spaß und Humor den Menschen gut. Ich betrat den Platz.

Auf der Gauklerbühne spielte ein Narr, ein kleiner Kerl mit klugem Gesicht, quirligem Körper und leichtem Wesen. Er spielte auf der Flöte und trieb, Grimassen schneidend, seine Späße. Einmal spiegelte er den trostlosen Zuschauern auf freche Weise ihre Situation wider, ein anderes Mal kommentierte er provozierend und herausfordernd ihre Resignation, Monotonie und Melancholie. Wenn er zu frech wurde – er reizte die Zuhörer natürlich nur, um ihre lebendigen Kräfte zu wecken –, schwang er sich nach oben ins Gauklergerüst. Dort oben wurde er dann noch mutiger und mutete ihnen noch härtere Wahrheiten zu, zum Beispiel diese: ‚Ihr verhaltet Euch so töricht, daß Ihr auf meinen Humor angewiesen seid. Am liebsten aber sähet Ihr mich am Galgen.' So und anders trieb er es mit ihnen, doch die Menge hatte daran auch Gefallen.

Plötzlich hüpfte der Gaukler von der Bühne auf ein in der Nähe befindliches Schaukelbrett, das nach oben stand. Daraufhin flog vom unteren Ende des Brettes etwas in die Luft und landete bei mir. Es war ein Schlüsselbund. Ich hielt es dem Narren hin und fragte nach seiner Bedeutung. Wünsch dir etwas, sagte er. Ich entgegnete: ‚Zeig mir die Eule!' (In einer früheren Imagination hatte ich mir die Gunst einer Eule zu wenig zueigen gemacht). Im selben Augenblick verwandelte sich der Narr in die Eule. Sie sah mich mit offenen Augen an und fragte: Worum geht es dir? Ich antwortete: In dieser Stadt gibt es viel Elend und Krankheit und daher viel zu tun. Weißt du einen Rat? Die Eule schloß die Augen und ließ mich lange auf Antwort warten. Schließlich sagte sie: ‚Geh durch das zweite Tor!'

Ich löste mich aus der Menge am Marktplatz, ging zur Hauptstraße zurück und danach abwärts zu einem Stadttor, das sehr dunkel wirkte. Ich ging durch das Tor hindurch. Gleich danach zeigte sich ein heller römischer Triumphbogen, den ich auch passierte. Hinter dem Bogen lag ein freies, weites, im Hellen liegendes Feld. Aus der Ferne wirbelte eine Staubwolke auf mich zu. Auf einem Pferd galoppierte ein römischer Feldherr mir entgegen. In meiner Nähe brachte er das herrliche Tier zum Stehen. Halt!, herrschte er mich an, was willst du hier? Er fixierte mich mit seiner Lanze, während sein Pferd unruhig auf der Stelle tänzelte. Ich komme aus der Stadt und interessiere mich für dieses freie Feld, antwortete ich. Dann sah ich ihn fest an und sagte: Kannst du dein Pferd nicht ruhigstellen, wenn du mit mir sprichst? Der Feldherr schien überrascht von meiner Furchtlosigkeit. Irritiert sah er zu mir herab. Dann forderte ich ihn auf: Steig ab von deinem Riesenroß! Da er zögerte, zog ich ihn an seiner Lanze herunter. Nun stand er mir gegenüber. Wir waren gleich groß.

Ich forderte ihn auf, seine Rüstung abzulegen, auch Helm, Brustschutz, Gürtel, Schnalle und all die anderen Dinge. Ich war ihm behilflich. Da geschah Seltsames: Während er sich seines Äußeren entledigte, verwandelte sich der scheinbar feindliche Feldherr, dem zu widerstehen ich den Mut gehabt hatte, in einen hellgewandeten, jungen schönen Mann mit schulterlangem Haar. Er hatte feine, sanfte Gesichtszüge, einen gütigen und weisen Gesichtsausdruck. Seine Augen wirkten fest und klar. Ruhe, Gelassenheit, Würde und Wärme gingen von ihm aus. Unter dem linken Arm trug er ein dickes Weisheitsbuch, in der rechten Hand einen Heilstab. So stand er vor mir, wunderschön und klar. Sein Sein erfüllte mich tief. Ich begann zu ahnen, wer er war ...

Nach einer Weile der Besinnung sagte ich zu ihm: ‚Wie gut, daß du da bist. Komm mit (zur Stadt gewandt)! Es gibt viel zu tun in dieser Stadt.‘

Hier endete die innere Wanderung. Ich war erfüllt von dem Gefühl, daß mir Neues zugewachsen war und Neues in meinem Leben beginnen würde.“

Eine innerlich reiche, aber verletzte Frau reagierte auf Menschen höchst unterschiedlich. Manchmal zeigte sie ein solches Maß an Unsicherheit, daß es mir wehtat, sie so zu erleben. Dann wiederum brach eine solche Wut aus ihr heraus, daß sie sich und ihre Umgebung zu vergessen schien. Ich gewann den Eindruck, daß ihr Verhalten nicht allein auf die zahlreichen Verletzungen zurückzuführen war, die andere Menschen ihr im Lauf des Lebens zugefügt hatten. Da war noch etwas anderes, das ihr offenbar zu schaffen machte: eine Mutlosigkeit, die in *tieferen* Schichten ihrer Seele begründet zu sein schien. Wir wanderten daher zum „Ort des Mutes". Ausdrücklich hatte sie sich vorgenommen, diesen Ort zu erreichen. Sie erreichte ihn auch, doch fand sie anderes vor, als sie erwartet hatte.

Bereits auf dem Weg in die Tiefe, der sie durch ein dunkles Felsengelände führte, wurde sie von finsteren Gestalten, Hexen, Gnomen und seltsamen „Geistern" behindert. Doch weil es manchmal wichtig sein kann, Störungen nicht zu beachten und nur aufs Ziel zu sehen, schritt sie weiter voran. Sie gelangte in das trostlose Verlies einer Burg. Es war kalt und unheimlich darin. Nur durch hochgelegene Schießscharten fiel ein wenig Licht in den Raum.

Als sie sich umschaute, entdeckte sie einen in das Gemäuer eingearbeiteten Eisenring, an dem zwei dicke Ketten hingen. Ihr war klar, daß sie den Ring herauszureißen hatte. Sie tat es. Ein großes Loch entstand. Sie sah durch das Loch hindurch und entdeckte eine „fiese Schlangenbrut", die sich ständig vermehrte (In diesem Zusammenhang eine starke (selbst-)aggressive Macht, der gegenüber sie bislang relativ machtlos gewesen war). Entsetzen packte sie. Daraufhin vergewisserte ich sie meiner Gegenwart.

Eine der Schlangen trug eine Krone (eines der ältesten Herrschersymbole) auf dem Kopf. Sie war die Königin. Von ihr ging alle Kraft auf die anderen Schlangen aus. Die Frau wollte fliehen. *Wäre* sie geflohen, hätte sie nicht erlebt, was sie dann erlebte, und nicht nur in dieser Imagination.

Ich regte an, die Füße dem Boden anzuvertrauen, sich aufrecht hinzustellen und den Kopf hochzuhalten (eine nicht nur in Imaginationen wichtige Hilfe, der Angst Einhalt zu gebieten). Sie ließ sich darauf ein und spürte sogleich eine größere Standfestigkeit. Die war auch nötig, denn nun begann eine dramatische Auseinandersetzung mit der Schlangenkönigin. Ich regte weiter an, einen Schritt näher auf sie zuzugehen. Die Königin richtete sich angriffslustig auf. Die Frau sah ihr trotzdem fest in die Augen. Sie ging sogar einen weiteren Schritt auf die Schlange zu. Und wieder schien es, als ob diese den unmittelbaren Kampf beginnen wollte. Sie tat es *nicht*. Als die Frau schließlich wagte, einen dritten Schritt auf die Widersacherin zuzugehen, geschah etwas völlig Unerwartetes: Die Krone, die die Schlange trug, wurde auf den Kopf der Frau versetzt. Nun war *sie* die Königin. Im selben Augenblick zog sich die Hauptschlange mit ihrer ganzen „fiesen Brut" zurück.

Ein Strahlen ging über das Gesicht der Frau. Dann begann sie zu jubeln: In der Mitte des Verlieses wuchs eine Wildrose heran, ja, der ganze Raum füllte sich mit Blumen und Pflanzen. Ein ungewöhnlich schöner Duft breitete sich aus, den sie durch ihren ganzen Körper strömen ließ. Zu allem Überfluß entstand noch ein Springbrunnen. Daraus schöpfte sie Wasser und ließ auch dieses „Heilwasser" durch sich hindurchströmen.

„Ich fühle mich frei", hörte ich sie sagen, und dann noch einmal: „Ich fühle mich frei ... und voller Mut." Diese Imagination wurde zur Wende in ihrem Leben.

4. DIE VERBORGENEN LEBENSKRÄFTE

Es gibt Zeiten, in denen wir nur noch müde sind vom Leben. Der Körper schleppt sich mühsam voran. Die Gedanken fließen zäh und nicht in die gewünschte Richtung. Die Gefühle scheinen unter einem dunklen Tuch zu liegen. Mut fehlt, Freiheit fehlt, Kraft fehlt, Sinn fehlt. Wir sind uns fremd, fühlen uns von uns selbst und der Welt getrennt. Keine Ermutigung erreicht uns.

Dann gibt es wieder Zeiten, in denen wir das Leben küssen könnten. Alles gelingt. Der Körper hat Spannkraft, die Gedanken auch. Die Gefühle scheinen von den frischesten aller Quellen gespeist zu werden. Wir sind voller Kraft.

Es gibt auch ganz *besondere* Situationen: Wir sind niedergeschlagen, fühlen uns kraftlos, sind nicht bei uns. Plötzlich sehen wir, ein Beispiel nur, daß ein Kind auf die Straße läuft, ohne das nahende Auto zu bemerken. Im Nu reagieren wir: Wir laufen dem Kind nach und befreien es mit einem Schwung aus der gefahrvollen Lage. Oder: Nichts geht mehr. Wir fühlen uns wie gelähmt. Da kommt, wieder ein Beispiel, ein Anruf, der ein unerwartetes Glück verheißt. Einen Augenblick schweigen wir ungläubig, dann löst sich die Lähmung. Mit einem Jauchzer rennen wir zum nächstbesten Menschen hin und verkünden ihm das große Glück. In beiden Fällen *schien* es so, als wären wir ohne Kraft. In Wahrheit war die Kraft nur *verborgen*. Denn hätten wir keine Kraft gehabt – wir hätten weder auf die Straße rennen noch uns dem Nachbarn jubelnd in die Arme werfen können.

Wir können in diesem Zusammenhang nicht näher auf den überaus komplexen Problembereich eingehen, was uns die Kraft zum Leben nimmt. Wir hätten vom Mangel an körperlicher und seelischer Gesundheit zu reden, auch vom Mangel an Orientierung (es sind ja die *sinnvollen* Werte und Ziele, die unsere Kräfte anziehen). Wir hätten darüber zu sprechen, daß wir durch alte Verletzungen am Leben *in* der Zeit gehindert werden usw. Worauf will ich hinaus? Auf den Punkt, den ich schon angedeutet habe: Fast jeder Mensch hat weit mehr Kräfte in sich als er weiß. Diese Kräfte warten im Verborgenen. Sie können zwar *eingeschränkt* sein (Schranke!) und dennoch sichtbar werden – im Unbewußten –, denn das Unbewußte weiß mehr und birgt mehr in sich, als wir denken.

Mögen Sie die Augen schließen und den Gedanken zulassen: *Ich habe weit mehr Kraft als ich weiß?* Vielleicht lassen Sie den Unterkiefer ein wenig fallen, weil so die störenden Gedanken leichter abfließen können. Mir kommen diese Ein-Fälle:

Das wäre zu schön, um wahr zu sein ... Manchmal staune ich über mich, wozu ich in der Lage bin ... Seltsamerweise vertieft sich mein Atem ... Ich spüre in den Atem hinein ... Dort, woher er kommt, aus der Tiefe, scheint unbekanntes Land zu sein ... Eine kleine Sehnsucht nach diesem Land steigt in mir auf ...

Ruhe strömt hoch ... strömt in die Brust hinein ... Die Brust weitet sich ... Es wird heller in mir ...

Kraft: das Wort löst Festigkeit, Konzentration aus ... Mein (innerer) Blick geht nach vorn ... „Ich habe *weit* mehr Kraft" ... Ein Felsen taucht auf. Er steht in einer weiten klaren Landschaft. Ich stehe unter dem Felsen. Er ist viel größer und mächtiger als ich ... Ich fühle mich klein ...

Da kommt ein *neues* Gefühl ... Ich werde den Felsen erklettern ... Mühsam ist das.

Nur langsam komme ich voran. Ich schaue nach oben ... Ich *will* dorthin ... Ich strecke beide Arme nach oben ...

Nun stehe ich oben ... Fester Halt ist unter meinen Füßen ...Tief geht mein Atem ... Ich sehe ins weite Land ...

Ich fühle mich gar nicht mehr klein. Ich fühle mich groß. Ich fühle mich stark ...

und frei ... und voller Lebenslust ...

Ich bemerke, daß ich (auf meinem Stuhl) ganz aufrecht sitze, den Kopf erhoben ... Ich gewinne Abstand zu den trüben Gedanken, die mich in Beschlag genommen hatten, bevor ich die Augen schloß ...

Mir kommt der Wunsch, das Fenster zu öffnen, um die Frühjahrsluft in das von der Pfeife verräucherte Arbeitszimmer hereinzuholen ... Kampfgeist kommt in mir auf ...

In mir hat dieses Intermezzo bereits etwas bewirkt. Ich spüre einen kleinen Zuwachs an Kraft. Ich habe soeben Kraft entdeckt, die ich vor wenigen Minuten nicht gespürt habe. Und wodurch? Allein dadurch, daß ich einen Teil meiner Gedanken abfließen ließ (wie Wasser durch die Regenrinne nach unten fließt) und mich unserer Frage zuwandte.

Immer dann, wenn sich der Kopf leert, wird die Brücke zwischen der bewußten und der unbewußten Welt breiter. Wenn ich dann meinen inneren Blick auf Wert-Volles richte (in diesem Fall also auf die verborgenen Lebenskräfte), kommt der dem Kopf bislang verborgene Inhalt auf mich zu. (Mein Kampfgeist hält noch an: Sollte Ihnen dieser Zusammenhang zu schwierig erscheinen – wieviel Mühe verwenden wir doch darauf, die komplizierten Sachbeschreibungen zu begreifen, die uns auch zunächst die Lust an unseren neuen Computern, Waschmaschinen, Anrufbeantwortern etc. vergellen).

Tiefer, ungleich tiefer erfahren wir unsere verborgenen Lebenskräfte auf imaginativem Wege. Die folgende Imagination erlebte ein durch schwere Erkrankung geschwächter 40jähriger Mann, der auf Anraten des ihn behandelnden, ganzheitlich orientierten Arztes zu mir kam. Der Auftrag bestand darin, die bislang nicht genutzten geistig-seelischen Kräfte so weit wie möglich freizulegen. Wir wanderten zur „Verborgenen Lebenskraft":

Nach längerer Wanderung gelangte er in einen pechschwarzen Raum, in dem er sich sehr unbehaglich fühlte. Er hatte den Eindruck, als ob dieser Raum ihm „aufgestülpt" worden wäre. Außerhalb des Raumes warteten Feinde auf ihn. Das war ihm klar. (Der Raum war für ihn also beides zugleich: ein Ort der Unfreiheit *und* des Schutzes. Diese Ambivalenz ist uns von manchen Krankheiten bekannt).

Er machte sich mit dem Raum näher vertraut (Das Sich-vertraut-Machen ist immer der erste wichtige Schritt auf dem Weg zur Lösung einer mißlichen Lage). Dabei fiel sein Blick auf die Mitte der Decke, in der er eine schwarze Öffnung entdeckte, durch die – ganz allmählich – die Dunkelheit abzog (die erste Folge des Vertrautwerdens). Hellgraues Licht drang in den Raum hinein. Dann nahm er auch Fenster wahr und sah, daß draußen noch tiefe Dunkelheit herrschte.

Er wandte sich der Mitte des Bodens zu, auf der eine sandbedeckte Platte lag, hob sie beiseite und erschrak: Er sah in einen dunklen Raum, aus dem furchtbares Hyänengeheul ihm entgegendrang, die Tiere selbst sah er nicht (Hyänen warten bekanntlich auf Aas). Doch obwohl das Geheul ihn in Schrecken versetzte, hielt er ihm stand.

Ein wenig später wurde in dem Raum eine Kugel sichtbar, in der ein ruhiges Feuer brannte. Es tat ihm wohl. Plötzlich jedoch schoß aus dem Feuer eine Lichtsäule, ein „unglaublicher Lichtstrahl" empor. Nachdem er sich von seinem Schrecken erholt hatte, wagte er, so nah an den Strahl heranzugehen, daß ihm heiß wurde. Dann sah er, wie sich um den Strahl herum ein Kranz mit bunten Blumen und Pflanzen bildete. Seltsamerweise verspürte er den Wunsch, den Kranz an sich zu nehmen und sich daran zu wärmen. Und da geschah es:

Der Kranz verwandelte sich in eine Gestalt, in seine *eigene* Gestalt, nur kleiner und jünger war sie (oft finden Menschen Anschluß an früher erlebte Gefühlskräfte, wenn sie sich selbst auf einer früheren Stufe wiederbegegnen). Die beiden schauten einander lange an. Dann umarmten sie sich und verschmolzen miteinander. Danach schwieg der Imaginierende lange. Schließlich sagte er mehrere Male nur ein Wort: „Unglaublich". Und später: „Ich bin durch und durch mit Energie aufgeladen."

Der ganze Raum hatte sich inzwischen erhellt. Und die Hyänen warteten nicht mehr – auf ihr mögliches Opfer ...

Die nächsten beiden Imaginationen gehörten zu den letzten einer längeren Reihe. Die Imaginierende hatte in ihrem Leben über Jahrzehnte hin an Körper und Seele ein Übermaß an Leid erfahren. Immer wieder erlebte sie Schwächeperioden, in denen sie sich in sich selbst zurückzog und, wie betäubt, die Zeit an sich vorüberziehen ließ.

Am Beginn der folgenden Imagination wurde das Thema Vergangenheit noch einmal aufgenommen. Die Leichtigkeit, mit der das alte Leid von ihr abfiel, verdeutlicht, daß sie alle Voraussetzungen hatte, zum „Ort der verborgenen Lebenskraft" wandern zu können. Sie stellte mir ihre Aufzeichnungen zur Verfügung:

„Ich befand mich auf einer Wendeltreppe, die mit einer Art Schüttelrostsieb belegt war. Dadurch fiel alles Alte und Kaputte (von mir ab und) gleich nach unten. So blieb die Treppe sauber und frei für meinen Weg. Die Wendeltreppe wurde von einer wunderschönen Lichttreppe abgelöst und die wiederum von einer Wassertreppe. Schließlich führte mich eine alte Steintreppe in einen runden Kellerraum („rund" als Symbol für Ganzheit).

In der Mitte fiel mir sofort eine schön gearbeitete Kiepe auf. Ich nahm sie auf den Rücken. Sie war leicht wie eine Feder. An der Wand befand sich ein Schlüsselbord, an dem fünf einfache und ein verzierter größerer Schlüssel hingen. Den nahm ich an mich. Der Raum war mit vielen Türen ausgestattet. Ich untersuchte alle Schlüssellöcher, bis ich die Tür fand, zu der mein Schlüssel paßte. Die Tür öffnete sich von allein.

Ich stand wieder in einem runden warmen Raum, durch dessen Wände flackerndes Licht brach. Das sah phantastisch aus. Anscheinend brannten hinter den Mauern unzählige Feuer. In der Mitte des Raumes lagen viele rosafarbene Rosenblätter (Rose als Symbol für Liebe, Zuneigung, Ganzheit, Vollendung), die einen betäubenden Duft ausströmten. Sie fühlten sich samtig weich und frisch an. Ich nahm die Kiepe vom Rücken und stellte sie neben die Rosenblätter. In einer leichten wehenden Bewegung strömten die Blätter in den Korb hinein, bis er gefüllt war. Dann nahm ich ihn wieder auf den Rücken. Er war nicht schwerer geworden.

Plötzlich bildete sich in der Mitte, dort, wo vorher die Rosenblätter gelegen hatten, ein Kreis. Ich trat in ihn hinein. Im selben Augenblick bildeten sich, von unten herkommend, Flammen zu meinen Füßen, die hoch über meinem Kopf zusammenschlugen. Sie hüllten mich ganz ein, verbrannten mich aber nicht. Sie wärmten und streichelten meine Haut. Ich wartete und fühlte, wie die Flammen in mich einzogen und sich wie ein Feuerring um meinen Bauchnabel legten. Ich fühlte mich jungfräulich. Die Flammen im Kopf ließen mich Feuer ausatmen und gaben meinen Augen so viel Kraft, daß ich durch den Raum nach draußen sehen konnte. Ein starker Gedanke nahm in mir Raum: *Jetzt kann ich alles.*

Vor mir bildete sich eine Lichtbahn. Ich verließ den Kreis und ging auf dieser Bahn durch die Wand, die sich sacht hinter meiner strahlenden Gestalt wieder schloß.

Ich stand in einem lichtdurchfluteten Wald mit zartem Birkengrün, vielen Vogelstimmen und – seitwärts – einem bewegt dahinströmenden Fluß. Am Ufer war ein Boot verankert, das ich bestieg. Die Kette löste sich. Behutsam glitt das Boot durch die Strömung, als wüßte es den Weg. Der Fluß wurde breiter und weitete sich ganz.

Ich war auf dem offenen Meer. So weit das Auge reichte, silbern glänzendes Wasser. Manchmal türmten sich die Wellen hoch auf, überschlugen sich und fielen laut klatschend zurück. Ich aber saß ganz ruhig in meinem Boot. Das bewegte Meer machte ihm nichts.

Plötzlich hatte ich das Bedürfnis, die Rosenblätter aufs Meer zu legen. Ich nahm die Kiepe ab, und ein Meer von Rosenblättern ergoß sich auf die Wellen. Der Inhalt des Korbes schien endlos zu sein. Er füllte sich immer wieder aufs Neue. Ein weicher duftender Teppich legte sich auf das Wasser. Er war so dicht, daß ich das Gefühl hatte, über das Meer gehen zu können.

Ganz langsam erhob sich am Himmel ein riesiger goldener Feuerball und schickte eine breite Sonnenstraße aufs Wasser. Die Rosenblätter flossen auf diesem Strahl der Sonne entgegen. Die ganze Sonnenbahn war mit Rosenblättern geschmückt. Es sah wunderschön aus.

Da tauchte aus der Ferne mein flammenroter Vogel auf (aus einer früheren Imagination bekannt). Zugleich streckte die Sonne viele goldene Arme aus und malte einen Sonnenbogen über mich. Auch dieser Bogen war über und über mit Rosenblättern übersät.

Mein roter Vogel war übermütig, schoß mit angelegten Flügeln unter dem Bogen hindurch und mit ausgebreiteten Schwingen wieder über ihn hinweg. Dann flog er majestätisch der Sonne entgegen. Ich sah den goldenen Ball und in diesem das Purpurrot meines Vogels. Für das, was ich erblickte, fand ich keine Worte.

Durch ein fröhliches Trompeten, das vom Ufer herkam, wurde ich aus meinen Gedanken gerissen. Ein aufgeregter Elefant, den Rüssel hochgestellt, sprang ins Wasser und schwamm auf mich zu. Immer wieder füllte er übermütig den Rüssel mit Wasser und bespritzte mich. Zwischendurch trompetete er schmetternd über das

Meer. Ich mußte viel lachen und fühlte deutlich: Hier ist der Ort des Glücks pur. Hier war Frieden, Geborgenheit, Liebe, Kraft, Sinn."

Diese Imagination ist zweifellos beeindruckend. Noch beeindruckender aber ist, daß sie sich tief auf das *Leben* der Frau auswirkte.

Wie wirksam diese innere Wanderung war, zeigt auch die folgende Imagination. Denn ob und in welcher Weise Fortschritte erreicht werden, wird *häufig* auch an den Folgeimaginationen deutlich:

„Ich befand mich im All. Um mich herum breitete sich ein dunkler weiter Raum mit vielen Sternen aus. Hier kannte ich mich schon aus. Ich streckte die Arme nach oben und ließ mich fallen. Meine Haare stiegen auf, mein Kleid schlug über mir zusammen. Ein schönes Bild. Ich war fröhlich und fühlte mich sehr wohl, während ich fiel.

Plötzlich sah ich unter mir eine große Goldplatte. Sie war mein „Landeplatz". Als ich sie näher betrachtete, sah ich, daß viele kleine Zeichen in sie eingestanzt worden waren. Aus der Platte wuchs ein gewaltiger Urwaldbaum hervor. Er schien in die Unendlichkeit hineinzuwachsen. Auf diesem Grund stand ich sicher.

Ich staunte: Der Stamm war glatt, braun-gelb marmoriert. Er fühlte sich warm an und sehr lebendig. Die Baumkrone war dicht belaubt und breitete sich wie ein Fächer über mir aus.

Ich beugte mich über die Platte nach unten und sah, daß die Wurzeln gewaltig breit und weit ausladend in die Tiefe wuchsen. Genau unter mir war eine Wurzel, die, einer Liane gleich, beweglich und schlank, senkrecht aus der Tiefe emporwuchs.

Ich schaute mich weiter um: Links über mir hing eine Waage aus Gold (Symbol des Gleichgewichts). Sie leuchtete geheimnisvoll. Es schien, als lebte sie. Den oberen Haken hielt eine große schlanke Hand.

Mit offenem Mund stand ich auf der im All schwebenden und doch festen Halt bietenden Goldplatte und betrachtete die herrlichen Wunder. Dann sah ich, daß um den Baumstamm herum Buchstaben eingraviert worden waren. Einige schienen verwischt, ein wenig alt. Langsam entzifferte ich das Wort ‚Perlen-Tau'. Da ich nicht so recht wußte, was ich damit anfangen sollte, wandte ich mich wieder der Liane unter mir zu.

Zu ihr wollte ich. Um nicht abzugleiten, schlang ich um mein Fußgelenk herum den beweglichen weichen Ast und bewegte mich nach unten. Das ging sehr gut. Da kam ein flammendes Licht auf mich zu. Es wurde größer und größer. Das Ende der Liane hing mitten über einem gewaltigen Vulkan (in diesem Zusammenhang Symbol für ursprüngliche, starke Lebenskraft).

Die Feuerarme griffen nach mir, als wollten sie mich liebkosen. Es war wie Heimkehr. Mir wurde warm, aber nicht heiß, obwohl wabernde Hitze außerhalb des Kreises zu erkennen war. Die Flammenarme breiteten sich von der Mitte her aus, so daß ich in einen tiefen Schlund sehen konnte. Ich wurde von ihnen gerufen, mich hinabzulassen. Zwischen den leuchtenden Feuerarmen erhoben sich immer wieder Wasserfontänen. Beide Elemente gehörten zusammen, vertrugen sich und ließen einander Raum. Ich entschloß mich zum Absprung in die Flammenmitte.

Mein Fall war kurz, denn die Flammen breiteten sich unter mir aus, legten sich Stufe für Stufe unter meine Füße wie eine Leiter. Liebevoll umstreichelten sie meinen Körper. Ein wundersames Gefühl, auf den züngelnden, weich fließenden Bewegungen des Feuers nach unten zu wandern. Auf diese Weise gelangte ich bis zum tiefsten Punkt des Vulkans. Ich befand mich im innersten Kern. Das letzte Stück sprang ich hinab. Ein Markierungskreuz auf der braunen Erde gab mir die Stelle an, an der ich aufspringen konnte. Genau in der Mitte des Kreuzes kam ich zum Stehen.

Ich hob, ich weiß nicht warum, die Arme. Da begann meine Kopfdecke auf sonderbare Weise zu prickeln. Sie hob sich, weitete sich und öffnete sich schließlich ganz. Der unmittelbar über meinem Kopf entspringende Vulkan senkte sich samt seiner Quelle in meinen Kopf hinein. Ich sah auf ein unvergeßliches Bild:

Aus meinem Kopf entsprang ein mächtiger Vulkan, der seine Feuerarme weit in den Himmel reckte. Die Flammenenden befanden sich unterhalb der Wurzeln des gewaltigen Urwaldbaumes. Zwischendurch zischten Wasserfontänen nach oben. Um dieses phantastische Bild herum breitete sich das dunkle All aus, das von immer mehr Sternen erhellt wurde. Sie stiegen aus den Flammenspitzen nach oben und setzten sich am Himmel fest. Es war ein einziges Gleißen und Flimmern. Über allem leuchtete golden die Waage.

Ich stand da voll Kraft und hatte das Gefühl von Geborgenheit und Heimat.

Hier war ich zu Hause."

5. DAS VERBORGENE JA ZUM LEBEN

Was braucht ein Mensch, um Leben bejahen zu können, sein eigenes und das Leben überhaupt?

Selbstverständlich werden Sie und ich und andere auch darauf unterschiedliche Antworten geben: Von Anerkennung wird die Rede sein und von Geliebtwerden, von guten Freunden und von Kindern, von einem attraktiven Beruf und von sozialer Sicherheit, von Gesundheit und von der Heimat und anderen Dingen mehr.

Die Frage verführt allerdings dazu, vor allem nach *faßbaren* Bedingungen für ein Ja zu suchen. Gibt es denn aber, werden Sie fragen, ein Ja *ohne* faßbare Bedingungen? Sind nicht die genannten Antworten tatsächlich der Stoff, aus dem der Sinn entsteht? Ja und Nein.

Selbstverständlich ist es beglückend, geliebt zu werden. Ganz bestimmt geht jemand gern in den Tag, wenn er sich auf seinen Beruf freuen kann. Fraglos ist Gesundheit ein wertvolles Gut. Zweifellos entwickelt sich Sinn auch aus dem, was wir *haben*. Doch das ist nur die *eine*, die bekanntere Seite der Sinnfindung. Und die andere?

Sinn und damit das Ja zum Leben entsteht auch aus dem heraus, was wir *sind*: aus dem, was und wie wir denken, empfinden, fühlen, aus dem, wie wir uns und die Welt ansehen. Sinn entwickelt sich auch aus unserem *Sein*.

Ein einfaches Beispiel: Eine süchtige Frau, die ich betreute, lebte völlig vereinsamt in einer winzigen Wohnung in einem lauten Stadtviertel. Eines Morgens rief sie mich an und erzählte mir, sie sei in der Nacht aufgewacht und habe ein kaum beschreibbares Glücksgefühl erlebt. Sie könne sich an keine „Traumgeschichte" erinnern, nur an ein einziges Traumbild. Am Abend habe sie nichts Besonderes erlebt. Alles sei öd und leer gewesen wie eh und je. Mit diesem neuen Gefühl könne sie nun nicht allein bleiben, deshalb rufe sie mich an. – Ein einziges inneres Bild hatte ihr Ausgleich zu ihrem als sinnlos empfundenen Leben verschafft, und zwar so kraftvoll, daß sie den Gegenpol zu ihrem fatalen Lebensgefühl erlebt hatte.

Sie mögen einwenden, dieses innere Erlebnis habe doch das Leben der Frau nicht verändert. Das stimmt, wenngleich ich einschränken muß, daß das Gefühl, solange es wirkte, diesen armen Menschen reich machte. Und die Erfahrung – „Da ist etwas in meiner Seele, was warm ist und hell und voller Leben" – gab ihr einen neuen Grund zur Hoffnung.

Sie mögen auch einwenden, ein solches Seinsereignis komme nicht nur selten vor, es sei auch gar nicht abrufbar. Auch darin kann ich nur teilweise zustimmen.

Da das Leid – gegen alle Vermutungen – nie die *ganze* Seele ausfüllt und der „Lebensdrang" (A. Jores) sich daher immer wieder neue Kanäle sucht, gibt es selbst bei schwer Leidenden manchmal innere Bilder des Friedens, sogar des Glücks. Die Seele ist eben, wie das Leben überhaupt, „polyphon", vielstimmig.

Man kann Gefühle des Glücks und der Lebensbejahung nicht „machen", man kann sie aber *suchen* – z. B. über den Weg wertorientierter Imaginationen. Allerdings müssen, bevor man zu diesen vitalen Gefühlen vordringen kann, bestimmte Blockaden oder Widerstände überwunden werden.

Was sind das für Widerstände? Verdrängte Traurigkeit zum Beispiel, verdeckte, viel zu starke Wut, versteckte Resignation, nicht gespürte Lebensangst, scheinbar längst vergessene große Enttäuschungen und anderes mehr. Der *größte* Widerstand aber gegen das in *jedem* Menschen angelegte Gefühl der Lebensbejahung – ist das in jedem *auch* angelegte Gefühl der *Lebensverneinung*.

Noch vor wenigen Jahren hätte ich jedem, der mir mit einer solchen Theorie gekommen wäre, vorsichtig formuliert, wenig Verständnis entgegengebracht. Doch die Imaginationen bestätigten diese These. Aber nicht nur sie: Auch die Märchen, die ja Spiegelungen der menschlichen Seele sind, die Mythen und selbstverständlich die Träume sind voll von Beispielen dafür, daß in jedem von uns die Möglichkeit angelegt ist, *gegen* sich selbst und das Leben sein zu können, sogar dann, wenn wir genügend Gründe zur Lebensbejahung *haben,* also Gesundheit, Anerkennung, sogar die Liebe.

Um dieses seltsame Phänomen imaginativ zu verdeutlichen, will ich einige kurze Szenen aus Imaginationen schildern:

Eine Frau, die sich selbst lebenslustig nannte, auf mich jedoch verbissen wirkte, gelangte auf einer inneren Wanderung in eine Höhle, in der sie eine an eine Felswand gekettete Frau fand. Als sie sich ihr näherte, erkannte sie ihr eigenes Gesicht. Erst auf *meine* Anregung hin versuchte sie, das arme Geschöpf zu befreien. Doch was geschah? Es wehrte sich – mit Händen und Füßen – gegen die Befreiung.

Die Klientin, die auf meinen Satz, sie lehne sich selbst zu stark ab, unwillig reagiert hatte, wurde nach dieser Erfahrung sehr nachdenklich.

Eine andere Frau, die wegen eines jahrelangen Darmleidens in ärztlicher Behandlung war, arbeitete auf Anraten ihres Arztes mit mir imaginativ. Als ich ihr nach einiger Zeit die wenig charmante Frage stellte, ob sie tatsächlich gesund werden wolle, reagierte sie, verständlicherweise, auch wenig charmant. Ich schlug ihr eine Wanderung zum „Ort der Gesundung" vor. Das Ergebnis war bemerkenswert und vermutlich die Wende ihres langen Leidensweges:

In einem dunklen Raum fand sie „sich": ungleich kränker aussehend als in der Realität. Ohne auf meine Anregung zu warten, ging sie auf „sich", auf die ihr unbewußte Gestalt ihrer selbst zu, um sie aus dem Verlies heraus und ins Licht zu führen. Und wieder ging von diesem unbewußten Menschen ein heftiger Widerstand aus. Nur mit Mühe gelang es der Imaginierenden, ihre personifizierte Lebensverneinung zu befreien.

Immer wieder begegnen wir Folterkammern mit unterschiedlichen Werkzeugen. Kein einziger Imaginierender hat *vor* den Wanderungen an *solche* Räume gedacht. Sie stellen sich ein, sie zeigen sich, sie drängen sich dem Wanderer auf. Und jedes Mal ist sein Erschrecken darüber groß, besonders dann, wenn ihm aufgeht, daß das, was er in sich sieht, zu *ihm* gehört und nicht zu einer fremden Welt.

Das Gefühl der Lebensverneinung hat zwei Wurzeln: Die eine hat sich aufgrund schwieriger Lebensumstände gebildet – nicht nur in Kindheit und Jugend, sondern auch in späteren Jahren. Die andere ist konstitutiv für jeden Menschen. Sie gehört zu ihm, weil alles Leben auf dem Wechselspiel polarer Strukturen beruht. *Was* jedoch die Lebensverneinung primär bestimmt, die Anlage oder die Lebensgeschichte, läßt sich oft nur vermuten und ist für die Persönlichkeitsentwicklung letztlich auch nicht belangvoll, jedenfalls für den nicht, der sich mit beiden auseinandersetzt. Denn keine der beiden Wurzeln muß schicksalsbestimmend sein, weil es möglich ist, die Ein-Drücke der *lebensgeschichtlich* bedingten Selbstablehnung zu reduzieren und zu der *angelegten* Tendenz eine solche Einstellung zu finden, mit der sich gut leben läßt.

Nicht *das* ist ein besonderes Problem, daß wir Tendenzen der Selbstverneinung in uns haben. Problematisch werden sie, wenn wir sie nicht wahrhaben wollen. Dann gleichen wir dem Dompteur in der Manege, der nicht bemerkt, daß Raubkatzen hinter seinem Rücken stehen, die ihn jederzeit angreifen können.

Gewiß gibt es unterschiedliche Arten von „Wurzelbehandlung". Hier jedoch soll nur von Imaginationen die Rede sein.

Ein kranker junger Mann, der nicht wahrhaben wollte, daß er sein eigener Feind war, wanderte mit mir zum „Ort der Selbstaggressivität":

Er ging zunächst durch tiefe Dunkelheit, ehe er eine Höhle erreichte, die nur aus signalroter Farbe zu bestehen schien. Wohin er sah – er sah rot! Nach einiger Zeit fiel sein Blick auf einen Felsen, der in der Mitte des Raumes stand. Der Felsen störte ihn. Er sah in ihn hinein (die Grenzen in der inneren Welt sind anderer Art als die der äußeren) und erblickte einen mächtigen Lavastrom (häufig ein Symbol für Aggressivität), aus dem sich eine Hexe „herausschälte".

Der Mann ging einen Schritt auf die Hexe zu. Auf meine Frage nach seinem Gefühl antwortete er, er fühle sich zwar ein wenig unsicher, sei jedoch stark genug, um mit ihr umgehen zu können. Also regte ich an, einen zweiten Schritt auf sie zuzugehen. Das tat er. Und da kam Angst auf. Als er jedoch einen weiteren Schritt wagte, konnte er die Angst (vor seiner eigenen Aggressivität) kaum noch aushalten.

Eine Zwischenfrage: War das, was da geschah, für den Klienten nicht gefährlich? Ja, denn die negative Kraft, die er nicht wahrhaben wollte und der er jetzt auf höchst anschauliche Weise begegnete, gefährdete ihn, auch nach Meinung ärztlicher Kollegen. Gefährlich für ihn war allerdings nicht die Imagination, denn *sie* deckte ihm auf, worunter er primär litt. Wir blieben ja auch bei der Aufdeckung dieses Befundes nicht stehen, sondern versuchten, wie stets bei inneren Wanderungen zum Negativ-Pol, zu dessen Gegenpol durchzudringen:

Als die Angst des Klienten zunahm, ließ er seinen ihm schon bekannten „Inneren Verbündeten" kommen: sein inneres Kind, eine gesunde, lebensbejahende Gestalt aus seiner Jugendzeit. Mit ihm gemeinsam ging er noch einmal auf die Hexe zu und – sie verschwand. Nicht nur das: Auch der Lavastrom zog sich zurück.

Danach geschah, was immer geschieht, wenn ein Negativpol (in diesem Fall die krankmachende Selbstaggressivität) nicht mehr verdrängt, sondern zur Kenntnis genommen und „bearbeitet" worden ist: In dem Maße, in dem die todbringende Lava sich aufzulösen begann, durchpulste eine „innere Glut" den kranken Körper. Die Lava hatte sich in gesunde Energie verwandelt – „ein wunderbares Gefühl" für diesen geschwächten Menschen. Lange gab er sich dieser neuen „Zufuhr" hin.

Sonnenstrahlen fielen in die Höhle hinein. Der Raum veränderte sich. Er wurde hell. Auch der Mann selbst wurde hell. Es war schön, sein verändertes, lebensbejahendes Gesicht zu sehen.

„Das war ein Meilenstein auf dem Weg zur Gesundung", sagte er im Nachgespräch. Und daß die Aggressivität gegen sich selbst sein Grundproblem war – daran zweifelte er fortan nicht mehr.

Eine zur Depression neigende Frau hatte trotz ihrer relativ glücklichen Kindheit im späteren Leben wenig Glück gefunden. Immer und immer wieder hatte sie, gewiß nicht ohne Zutun der Familie – ihre eigenen Wünsche zugunsten der Wünsche anderer zurückgestellt. Jedenfalls war sie zunehmend in eine existentielle Frustration geraten, die in dem Gefühl zum Ausdruck kam, nicht sie selbst sein zu können. In einer wertorientierten Imagination, der Form nach ein Märchen, wanderte sie zum „Ort der Lebensbejahung" und erlebte ein *neues* Gefühl.

Nach längerer Wanderung gelangte sie in die Tiefe. Hämisch grinsende Fratzen (Widerstand gegen das Erreichen ihres Zieles) irritierten sie zunächst. Trotzdem setzte sie ihren Weg fort und gelangte in einen breiten Gang. Dort begegnete sie einem *häßlichen* Zwerg, dem sie von ihrem Vorhaben erzählte. Der Zwerg entgegnete, sie würde ihr Ziel nicht finden, es sei denn, sie vollbringe zuerst *Leistungen*. Dieser Satz deprimierte sie. Er bot ihr zwar Hilfe an, forderte aber als Preis dafür einen Teil ihrer Seele. Sie ließ sich darauf ein. Danach traf sie einen *unfreundlichen* Riesen. Auch ihm erzählte sie von ihrem Ziel. Sie würde es nur erreichen, sagte er, wenn sie zuerst ihre *Pflichten* wahrnähme. Ihr Unbehagen wuchs. Sie wollte fliehen. Vergeblich. Der Riese bot zwar seine Hilfe an, doch verlangte auch er dafür einen Teil ihrer Seele. Wieder willigte sie ein.

Dann sah sie eine alte, *lieblos* wirkende Frau, die ihr bedeutete, sie gelange nur ans Ziel, wenn sie sich zuerst ans Leben *anpasse*. Die Wandernde fühlte sich hilflos und traurig. Die Alte bot ihr zwar Hilfe an, doch wieder nur um den Preis eines Teiles ihrer Seele.

Nachdem sie sich auf das Verlangen der Alten eingelassen hatte, setzte sie ihren Weg fort und gelangte auf eine Lichtung, auf der sich alle Tiere des Waldes versammelt hatten. Die Tiere meinten es gut mit ihr. Darum erzählte sie ihnen, was sie bisher erlebt hatte. Dann nahm sie das Herz aus ihrem Leib und vergrub es, weil sie nicht auch das noch verlieren wollte.

Sie wanderte weiter und begegnete nun einem *gutmütigen* Zwerg. Der schenkte ihr einen Mondstein, den sie dem häßlichen Zwerg zum Austausch gegen den Teil ihrer Seele geben sollte. Nur, sagte er, müsse sie den *ganzen* Weg zurückgehen. Kurz darauf traf sie einen *freundlichen* Riesen, der ihr einen Smaragd schenkte. Wenn sie diesen kostbaren Stein dem unfreundlichen Riesen gäbe, sagte er, würde sie den verlorenen Teil ihrer Seele wiedererlangen. Nur, sagte er, müsse sie den *ganzen* Weg zurückgehen. Schließlich sah sie eine *liebe-*

volle alte Frau an einem Spinnrad, die ihr eine goldene Kugel schenkte. Diese Kugel sollte sie der häßlichen Alten geben, um den verlorenen Teil ihrer Seele zurückzuerhalten. Nur, mahnte auch die alte Frau, müsse sie den *ganzen* Weg zurückgehen. Nach der Verabschiedung stieg sie auf den Spiralberg (Spirale in diesem Zusammenhang ein Symbol für sich entfaltendes Leben), setzte sich auf ein Plateau und dachte über sich nach. Da wurde sie plötzlich „angestupst". Neben ihr stand ein herrliches Pferd mit blankem Fell. Sein Name war Aspha. Noch einmal erzählte sie ihre Geschichte. „Du mußt zurück, und ich werde dich begleiten", antwortete Aspha, als sie geendet hatte. Sie setzte sich auf seinen Rücken und ritt zur Lichtung zurück. Denn sie wußte, daß sie zuerst ihr Herz (das innere Leben mit seinen tiefen Gedanken, seiner Liebe zum Leben und seinem Mut) zurückholen mußte, bevor ihre Seele wieder *ganz* werden konnte. Auf dem Rückweg traf die Frau die Zwerge, die Riesen und die alten Frauen wieder. Da ging ihr auf, daß diese Gestalten jeweils ein- und dieselben waren, Gestalten mit zwei Seiten. Und sie begriff, warum sie den *ganzen* Weg zurückzugehen hatte. Der *ganze* Weg war für sie beides zugleich: persönliche Prüfung *und* Herausforderung. Und sie begriff auch, daß sie von ihren hellen Gestalten *alles* erwarten konnte – unter *einer* Bedingung: daß sie nicht ihre Seele verkaufte und ihr Herz vergrub, daß sie sich selber treu blieb. Die Tiere auf der Lichtung warteten schon auf die Wanderin. Sie hatten ihr Herz sorgsam bewacht. Als sie es wieder an sich genommen hatte, legte sie sich auf dem weichen Waldboden nieder. Tiefe Ruhe zog in sie ein. Sie war mit sich selbst eins und fühlte ein klares Ja zum ganzen Leben.

Vielen Menschen geht es manchmal auch so. Sie lernen einen Menschen gut kennen. Sie übersehen nicht seine Schwächen, sind daran aber wenig interessiert. Viel wichtiger sind für sie jene Seiten an ihm, *deretwegen* sie seine Nähe suchen. Während ich diese Zeilen schreibe, denke ich an eine Frau, die von sich wenig hielt. Dabei war sie in dem Seminar, an dem sie teilnahm, für alle anderen wichtig. Fehlte sie, entstand ein großes (unsichtbares) Loch.

Die Imagination zum „Ort der Lebensbejahung" brachte sie in der Entwicklung ihrer Lebensbejahung ein Stück weiter:

Sie stieg in einen Brunnen hinab, tauchte durchs Wasser hindurch und gelangte in einen dunklen Raum. Ihr Blick fiel auf eine Eisentür. Sie öffnete sie und stand in einem Maschinenraum, in dem ein Motor lief. Er lief regelmäßig, war jedoch verschmiert. Ihrer Neigung entsprechend wollte sie ihn sofort zerteilen. Ob sie noch eine andere Idee zur Reinigung habe, fragte ich sie. Daraufhin begann sie, den Motor zu putzen. Und was geschah?

Je mehr sie putzte, desto mehr kamen die Umrisse eines (ihres) Herzens zum Vor-Schein. Sie wurde aufgeregt. Noch aufgeregter wurde sie, als sich in dem Herzen ein „Knäuel von Menschen" zeigte: Menschen mit alten Gewändern, die freundlich miteinander sprachen (ein in Imaginationen bekanntes Symbol: das ungelebte Leben mit seinen unterschiedlichen Ausformungen). Je weiter sie putzte, desto mehr entwirrte sich das Knäuel. Zu einem dieser Menschen hatte sie ein besonderes Verhältnis (ein bekanntes Symbol in solchen Zusammenhängen – die Personifizierung des unbewußten Geistes?). Sie brauchten keine Worte, um sich verstehen zu können. Sie fühlte sich zutiefst wohl in seiner Nähe.

Die Szene wechselte. Ein Minarett in einer Wüstenlandschaft wurde sichtbar (eine Botschaft im öden Land kündigte sich an). Voll Entzücken fiel ihr Blick auf die „Menschen", die sie soeben befreit hatte. Sie waren auch da!

Sie erfuhr, daß ein Fest gefeiert werden sollte. Speisen und Getränke wurden aufgetragen. Die Musik spielte auf. Der Tanz begann. Auch sie tanzte – im Gewand der von ihr befreiten (inneren) Menschen. Sie tanzte mit dem „Mann", mit dem sie schon immer vertraut gewesen zu sein schien.

Sie schwieg lange. Dann hörte ich sie sagen: „Ein Auferstehungsfest wie nach einer langen Gefangenschaft."

Noch von einem anderen Menschen soll die Rede sein: von einer jüngeren Frau, zu deren Naturell gehört, dem Lebenssinn gegenüber skeptisch zu sein. Auch sie wanderte zum „Ort der Lebensbejahung".

Diese Imagination, die stellvertretend für viele andere steht, zeigt eindrucksvoll, daß unser Ja zum Leben sowohl von unserer *bewußten* Entscheidung abhängt als auch und wesentlich davon, ob wir das Ja des Lebens *selbst*, das uns gilt, fühlen. (Dieser Aspekt soll vor allem im nächsten Abschnitt angesprochen werden).

Über eine Wendeltreppe gelangte sie in die innere Welt. Bald hatte sie mit nicht geringen Widerständen zu tun: Hohngelächter hörte sie, Krach umgab sie, furchterregend war der Abgrund, der vor ihr lag. Schließlich gelangte sie zu einem dunklen See. Da sie keinen Ausweg sah, sprang sie in ihn hinein und gelangte durch dessen Mitte in eine tiefere Dimension:

In einem großen hellen Raum fand sie sich wieder. Sieben weiß gekleidete Personen standen in einem Kreis (Symbol für Ganzheit). Aus dessen Mitte ragte eine mächtige, ebenfalls weiß gekleidete Gestalt heraus. Sie selbst stand auch in der Mitte.

„Da bist du endlich", hörte sie eine Stimme sagen (Dieser Satz fällt nicht selten dann, wenn ein Mensch an sein Ziel gelangt ist). Die „Stimmung" in diesem tief gelegenen Raum fand die Frau „unglaublich". Sie spürte „totale Akzeptanz". „Liebe pur" strömte ihr entgegen. Und daß sie hier war, war „total o.k." Ein seltsames Schamgefühl überkam sie: Daß *sie* „das alles" erleben durfte – diese Annahme!

Sie konnte nicht anders: Sie kniete nieder und „weinte ewig lange". Es war ein erlösendes Weinen. Dann sagte sie: „Warum hat mir niemand gesagt, wie es *hier* ist?"

Dann ging sie, ohne überlegt zu haben, zu den im Kreis stehenden Gestalten und reichte jeder die Hand. Jede Gestalt trug einen Edelstein auf der Stirn. Und jedes Mal, wenn die Frau einer Gestalt die Hand reichte, sagt sie *Ja*, wobei der Edelstein auf der Stirn (in jeweils anderer Farbe) funkelte. Nur der mächtigen Figur in der Mitte des Kreises wagte sie nicht die Hand zu geben. Sie ahnte, daß dieses „Wesen" nicht zum menschlichen Bereich gehörte.

Tief, ganz tief fühlte sie ihr Ja zum Leben. „Das Leben" hatte sie angenommen – und sie das Leben.

6. DAS VERBORGENE JA DES LEBENS ZU MIR

Sein dürfen, wie ich bin

Das Zentrum möglicher Sinnerfahrung ist die Beziehung von Mensch zu Mensch. Doch gerade diese Beziehung ist bekanntlich problemvoll. Die Hauptursache dafür liegt zweifellos in der Tatsache, daß allzu viele Menschen Mühe haben, sich selbst und andere *sein* zu lassen und also so zu akzeptieren, wie sie *wirklich* sind.

Das Wort vom „wirklichen" Menschen läßt mich nicht mehr los, seit es mir in Dietrich Bonhoeffers berühmtem Buch „Widerstand und Ergebung" nahegekommen ist.

Den „wirklichen" Menschen bejahen, das heißt: nicht den gewünschten, nicht den zukünftigen, nicht den fakultativen Menschen bejahen, sondern den faktischen, den gegenwärtigen, den konkreten.

Den „wirklichen" Menschen bejahen – das bedeutet: ihn in seiner Ambivalenz bejahen, den Könner *und* den Versager in ihm, den Heiteren *und* den Resignierenden, den, der seine Grenzen zu übersteigen wagt *und* den, der sich ängstlich zurücknimmt.

Den „wirklichen" Menschen bejahen – das heißt, ihn wohlwollend zu akzeptieren, wie er nun einmal ist.

Darf das sein? Ist das überhaupt möglich? Ist das nicht idealistisch gedacht? Soll man etwa *alle* anderen sein lassen, wie sie sind? Soll ich etwa *selber* bleiben, wie ich bin? Ist nicht gerade *das* das Besondere am Menschen, daß er sein unmenschliches Verhalten zu ändern versucht? Würde die Bejahung des „wirklichen" Menschen nicht geradezu die Stabilisierung seiner Mängel bedeuten? Es sind doch seine *dunklen* Seiten, die nicht nur ihm, sondern auch anderen das Leben erschweren!

Warum nur drängt es uns immer wieder dazu, ideale Gedanken gleich „kritisch zu hinterfragen"? Warum nur torpedieren wir kreative Ideen allzu rasch mit der Forderung nach weltumspannender Bedeutsamkeit – statt sie zuerst einmal auf uns wirken zu lassen?

Worum geht es mir? Selbstverständlich nicht darum, das fade Lied vom laisser-faire anzustimmen. Auch darum nicht, „realistisch" zu werden und von mir und anderen „nichts" mehr zu erwarten.

Worum also geht es? Es geht mir um die Überlegung und um die Frage an die „Weisheit" des Unbewußten, ob es *möglich* sei, sich selbst und andere sein zu lassen, jedenfalls mehr als bisher.

Was wäre damit gewonnen?

Darf ich Sie bitten, einen Augenblick die Augen zu schließen und der Frage Raum zu geben: Was wäre, wenn ich mich selbst und andere so sein lassen könnte, wie wir „wirklich" sind ...?

Ich lasse mir die Frage kommen. Ich denke nicht über mögliche Antworten nach. Ich lasse die Frage auf mich wirken. Schon während ich sie auf mich wirken lasse, bemerke ich, wie sich meine Atmung vertieft. Mir kommen Einfälle:

Ich würde mich weniger ärgern ... Ich würde andere weniger angreifen ... Ich würde sie näher an mich herankommen lassen ... Ich hätte weniger Angst vor ihnen ... Ich würde sie mehr ansehen ... Ich könnte ihnen mehr Ansehen schenken ...

Mich und andere sein lassen ... Sie würden sich weniger verteidigen ... Sie wären offener ... Sie würden sich mehr von ihren guten Seiten zeigen ... Sie würden mir mehr vertrauen ... Ich könnte ihnen mehr vertrauen ... Ich könnte andere leichter auf diese und jene Schwierigkeit aufmerksam machen ... Ich ließe mir leichter von anderen etwas sagen ...

Mich und andere sein lassen ... Es ginge heiterer unter uns zu ... Da wäre mehr Friede unter uns ... Da wäre auch mehr Friede in mir ... Da wäre mehr Wärme zwischen uns ... Da wäre auch mehr Wärme in mir ... Mir kämen Ideen, was wir miteinander unternehmen könnten, an Aufgaben vielleicht, an Festen gewiß auch ...

Ich spüre, wie sich mein Körper entspannt, mein Gesicht sich löst, wie meine Atmung sich weiter vertieft, wie ich ruhiger werde.

Mich und andere sein lassen ... Ich sähe nicht nur andere Menschen, ich sähe auch Tiere, Pflanzen, das ganze Leben anders an ...

Ich könnte mich anderem Leben mehr zeigen, mich selbst mehr zulassen, mich selbst mehr sein lassen ... Ich hätte mehr Kraft, mehr Mut, mehr Glücksgefühle ... Ich hätte gegen Leben weniger einzuwenden ... Meine Angst würde sich verringern ... Ich wäre aufgeschlossener, offener ...

Ich würde mehr ans Leben glauben ... Ich wäre lieber da ...

Nur mit Mühe reiße ich mich von diesen Einfällen und Assoziationen los. Sie tun mir gut. Sie locken mich, ein anderes Mal länger bei ihnen zu verweilen.

Ich bin dabei nicht melancholisch geworden. Ich habe nicht das Gefühl, das alles wäre „zu schön, um wahr zu sein". Da ist ein anderes Gefühl, ein sehr klarer Eindruck sogar: daß manches von dem, was mir soeben aufgegangen ist, gelebt werden könnte, wenn ich, ja wenn ich mir *Zeit* nähme und mich auf diese mich beflügelnde Phantasie häufiger einließe.

Gibt es denn neben den Wünschen nach Bejahung des „wirklichen" Menschen auch *Gründe* dafür? Es gibt sie. Vier Gründe will ich nennen.

Die ersten drei – ich beschreibe sie nur kurz – fand ich, indem ich nachdachte, den vierten – er beeindruckte mich am meisten – erfuhr ich in zahlreichen wertorientierten Imaginationen von Menschen, die der Weisheit ihres unbewußten Geistes begegneten.

1. Oft mag einer den anderen nicht, weil der tut, was jener selbst nicht mag. Seine Vorstellungen vom Leben decken sich nicht mit denen des anderen. Er mag ihn nicht, weil dieser seinen *eigenen* Weg geht und sich – der Meinung des Kritikers nach – fremd und fragwürdig verhält. Aber – gerade weil jeder

Mensch als *Person* mit keiner anderen vergleichbar ist und daher *seinen* Weg geht, kann ein Außenstehender letztlich nie angemessen verstehen, warum jemand sich fremd und fragwürdig verhält.

Je tiefer man einen Menschen kennenlernt, desto sichtbarer werden die einmaligen und unvergleichbaren Zusammenhänge zwischen seinem Sein, seinem Verhalten und seiner Geschichte – und desto fragwürdiger wird die *Beurteilung* des anderen. Daher wagt nur der oberflächliche Kritiker, den ersten Stein zu werfen.

Das heißt: Wir können andere Menschen – und auch uns selbst – bejahen, weil wir objektiv keinen Grund haben, uns selbst und andere in unserer Unverwechselbarkeit zu verneinen.

2. Oft mag ein Mensch einen anderen nicht aus Mangel an Kenntnis der Tatsache, daß ein Mensch nicht nur eine unverwechselbare Person ist, sondern auch einen ganz bestimmten *Typus* hat. Wer sich z. B. längere Zeit mit der Typenlehre des Enneagramms befaßt und deren differenzierte Beschreibung der unterschiedlichen menschlichen Strukturen *erfahren* hat, weiß, wie unterschiedlich die Ansätze der Menschen im Denken, Fühlen, Wollen und Handeln sind (vgl. mein Buch: Vom Typ zum Original, Lahr 1994). Und deshalb gilt wieder: Wir können Menschen, die anderer Art sind als wir selbst – das gleiche gilt auch für die Beziehung anderer zu uns – bejahen, weil wir objektiv keinen Grund haben, sie in ihrer Andersartigkeit zu verneinen.

3. Erlauben Sie mir die banale Auskunft, daß die Unvollkommenheit der Welt auch für unser menschliches Dasein konstitutiv ist. Diese natürlichste aller Gegebenheiten wird jedoch gerade in den Beziehungen von Mensch zu Mensch viel zu wenig beachtet. Das ist grotesk.

Diese Welt ist ambivalent, ist weder der Himmel noch die Hölle. Deshalb gibt es keine einwandfreie Mutter und keinen einwandfreien Vater, keine makellose Gattin und keinen makellosen Gatten. Es gibt *auch* die Lüge und das Scheitern, die Resignation und die Angst, die Ungerechtigkeit und die Schamlosigkeit. Und nur wer über einen kräftigen Schuß Naivität verfügt, wird leugnen, daß auch *er* an dieser Unvollkommenheit teilhat. Die Unvollkommenheit bleibt unser Geschick, solange wir leben. Deshalb müssen wir mit ihr rechnen – zu jeder Zeit, an jedem Ort, in jeder Situation.

Wer jedoch nur das liebt, was einwandfrei, makellos und rein ist, mag den Himmel und seine Engel lieben, die Erde und ihre Menschen liebt er nicht. Er stellt sie grundsätzlich in Frage. Wer nicht den „wirklichen" Menschen akzeptiert, mit seinen Stärken *und* Schwächen – mit dem, was er vollendet, *und* dem, was er nur will –, akzeptiert *ihn* nicht in seinem gegenwärtigen Sein. Wer nur das verborgene Wesen bejaht und nicht auch dessen konkrete Ausformung, sieht doketisch über den wirklichen Menschen hinweg.

Ich nehme noch einmal die eingangs geäußerten Einwände auf: Bedeutet dieser Ansatz nicht, daß wir fortan alles gutzuheißen und zuzulassen hätten, was uns bislang an uns und anderen ein Dorn im Auge war? Ist er nicht eine Absage an jede Form von Erziehung und Nach-Erziehung? Steht er nicht im Widerspruch zu der allgemein akzeptierten Forderung nach Persönlichkeitsentwicklung?

Nein!

Und warum nicht?

Weil gerade die *Bejahung* des „wirklichen" Menschen die Bedingung der Möglichkeit ist, daß er sich entfalten und entwickeln *möchte*. Denn dann traut er sich aus sich heraus. Dann mag er sich öffnen. Dann ist er offen für Herausforderungen. Dann liegt ihm daran, das, was in guter Weise in ihm angelegt ist, so weit wie möglich zur Vollendung zu bringen.

Wonach denn sehnen Menschen sich am meisten? Eben danach, mit sich und anderen eins sein zu können *in* der Ambivalenz der Welt und der eigenen Existenz. Wird *diese* Sehnsucht mehr als bisher gestillt, dann wagen sie es, auch ihrer anderen Raum zu geben – der Sehnsucht danach, „richtige", d. h. menschliche Menschen zu sein. Ob das Sehnen der Menschen jedoch nur dadurch gestillt wird, daß sie die eben angedeuteten oder bessere Gründe für die Bejahung des „wirklichen" Menschen durch-*denken*? Wichtig bleibt, über Leben nachzudenken, weil Denken Leben klären kann. Wichtiger ist das tiefe *Erfühlen* und *Erleben* geklärter Gedanken, weil nur dadurch das *Lebens*gefühl verändert wird. Tief aber erfühlt und erlebt ein Mensch das für ihn Wesentliche und Wichtige nur „dort", „wo" die geklärten Gedanken im Gefühl verwurzelt sind: im „Grund" der Seele.

Eine der besonderen Möglichkeiten, den Gedanken, als konkreter und also unfertiger Mensch im Leben *sein* zu dürfen, fühlen und erfahren zu können, ist der Weg in die innere Welt. Zwei Beispiele können darüber Aufschluß geben.

Das erste: Ein Mann litt seit langer Zeit unter dem Gefühl, nicht zu genügen: seiner Frau nicht und den Kindern nicht, den Freunden nicht, dem Beruf nicht, ja dem ganzen Leben nicht, obwohl er nach Meinung jener, die ihn gut kannten, in all diesen Beziehungen nicht nur nicht versagte, sondern – im Rahmen des Möglichen – sein Leben gut führte. Und obwohl er sich intensiv über seine Vergangenheit und Gegenwart Klärung verschafft hatte, wich das ihn niederziehende Gefühl nicht. In einer bewegenden Wanderung zum „Ort des Angenommenseins" erlebte er folgendes:

Eine Treppe führte ihn nach „unten" in die innere Welt. Das Echo seiner Schritte hallte durch das Felsengewölbe. Aus der Tiefe vernahm er dumpfes Trommeln. Er näherte sich dem Raum der Trommler und sah dunkelhäutige Eingeborene mit maskenhaften Gesichtern (ursprüngliches Lebensgebiet). Unsicher schaute er auf den Anführer. Der lachte ihn gutmütig an und wies ihm die Richtung. Er machte ihm Mut.

Der Wanderer kam zu einem Feld mit hohen, maisähnlichen Gewächsen. Dort fand er den Eingang einer Höhle. Von dort aus aber schien der Weg nicht weiterzuführen (Widerstand gegen den weiteren Weg). Trotzdem hatte er das Gefühl, auf dem richtigen Weg zu sein.

Auf meine Ermutigung hin betrat er den Höhlenvorraum und sah nun doch einen weiterführenden Gang. Als er ihn betrat, ahnte er sogleich, daß er bald in die Tiefe gezogen oder geworfen werden würde. Er spürte, daß in der Tiefe etwas Besonderes auf ihn wartete. Auf diese Möglichkeit stellte er sich ein. Dann geschah es:

Er wurde gedreht, verlor die Orientierung und fand sich, auf dem Rücken liegend, auf erdigem Boden wieder. Als er sich aufrichtete, hörte er das Echo vieler Stimmen und wanderte in deren Richtung weiter. Er kam zu einem Raum, in dem ein Tisch stand, an dem zwölf menschliche und zugleich unmenschliche Gestalten in Ritterrüstungen saßen. Sie studierten Akten, *seine* Akten. Aus dem Stimmengewirr kristallisierte sich ein Satz (der inneren Ankläger) heraus: „Du wagst zu behaupten, daß du ein guter Mensch bist?" (Überhöhter unbewußter Anspruch an sich selbst.)

Sein ganzes Leben war in diesen Akten aufgezeichnet. Dicke Finger zeigten ständig auf verschiedene Stellen. Das Urteil lautete: „Untauglich, unzureichend, durchgefallen." Der Wanderer war erschüttert. Auf meine Anregung hin ließ er die Anklage längere Zeit auf sich wirken. So erlebte er an diesem Ort unmittelbar *das* Gefühl, das schon so lange sein Leben bestimmt hatte. Ob er es weiter dulden wollte?

Er ging auf die Hauptgestalt zu und nahm ihr eine Maske ab. Gnadenlose, kalte Augen starrten ihn an. Trotzdem wich der Mann nicht zurück. Staunend erkannte er in den Augen des Anklägers dessen Angst vor dem Verlust seiner Macht über ihn. Doch weil er *fest* blieb und *nicht* zurückwich, verlor der Hauptankläger zunehmend seine Macht. Seine Augen verwandelten sich in Augenhöhlen eines Totenschädels. Der Schädel fiel zu Boden. Auch die Nebenankläger lösten sich auf. (Das ist in Imaginationen immer so: Wird der Hauptfeind besiegt, verlieren auch die Nebenkräfte ihre Macht.)

Plötzlich sah der Wanderer einen Tisch, auf dem ein Schlüssel lag. Er nahm ihn an sich und öffnete mit ihm eine Tür, durch die er diesen furchtbaren Raum verlassen konnte. (Nicht selten zeigen sich den Imaginierenden Schlüssel in Situationen, in denen Türen verschlossen zu sein scheinen.) Er öffnete sie und gelangte in „eine ganz andere Welt". Zwar hatte er zunächst den Eindruck, als sei auch dieser Raum ein Gerichtssaal, doch spürte er rasch, daß dieser Raum ganz anderer Art war als der vorige. Auch er selbst fühlte sich „ganz anders". Gleichwohl empfand er, daß „normalerweise" niemand zu ihm Zutritt habe. Es schien ihm, als habe er hier „mit der Ewigkeit zu tun".

Da sah er ein Männlein an einem Tisch sitzen (der Gegenpol zum Hauptankläger). Es schien viele hundert Jahre alt zu sein. Es strahlte Güte aus, Weisheit und Gelassenheit. Und zur großen Überraschung des Wanderers war es mit seiner Anwesenheit durchaus einverstanden: „Er läßt mich hier sein."

Das Männlein zeigte auf ein bestimmtes Buch in einem der vielen Regale. Das sollte er anschauen. Das Buch war alt, hatte einen wunderschönen Einband und trug die Initialen des Wanderers.

Was würde *darin* aufgezeichnet sein? Es war *keine* Anklageschrift. Es enthielt *keine* Urteile. Das Buch enthielt nur unbeschriebene Blätter. Der Mann war hocherfreut, und das nicht nur, weil er keine Anklageschrift in Händen hielt, sondern auch darüber, weil so viele leere Seiten darauf warteten, von ihm gefüllt zu werden – *ohne* Zensur.

Was er in diesem Raum fühlte, war ihm neu. Es fiel ihm, auch im Nachgespräch, schwer, Worte für diese neuen Erfahrungen zu finden. Doch darin hatte er Gewißheit: daß er vom *Grund* seiner Seele die Erlaubnis erhalten hatte, *sein* zu dürfen, wie er nun einmal ist.

Von einem anderen Menschen will ich erzählen, von einem Mann in mittleren Jahren. Aufgrund seiner Art und Lebensgeschichte fiel es ihm schwer, sich vom Leben angenommen zu fühlen. Schon seine Körperhaltung verriet, daß er ständig bereit war, sich gegen die „Welt" zu verteidigen. Er schenkte niemandem und nichts das Vertrauen, das wir nun einmal brauchen, um gern leben zu wollen. Selten bin ich einem Menschen begegnet, der so wie er um ein sinnvolles Leben rang. Doch all seine Mühen hatten bislang wenig gefruchtet. Nach der Arbeit an den schweren Verletzungen aus alter Zeit wagten wir eine innere Wanderung zum „Ort des Angenommenseins":

Noch lange nach Beginn der Wanderung wirkte der Mann verkrampft. Wie immer gab er sich große Mühe, seinem Ziel näherzukommen. Wie in jeder seiner bisherigen Imaginationen spürte er die Skepsis gegenüber seiner eigenen Seele. Ob sie ihm dieses Mal schenken würde, wonach er sich sehnte? Hinderlich war auch seine Sorge, ob er „alles richtig machte". Sie hinderte ihn daran, sich ganz auf die innere Welt einlassen zu können. Doch die Seele scheint von einer Geduld zu sein, die dem Bewußtsein kaum vorstellbar ist.

Irgendwann fand er sich auf einer Treppe wieder, die ihn ins Meer führte. Das Wasser war dunkel, der Meeresgrund dagegen hell. Aus dieser Helligkeit tauchte eine wundersame Landschaft auf, wie er sie nie zuvor gesehen hatte. Er staunte über ihre Schönheit. Auf meine Anregung hin wandte er seinen Blick in die Mitte dieses Landes. Da sah er, wie eine gewaltige Fontäne, ein Zusammenspiel von Wasser und Licht, aus der Mitte aufstieg. „Eine Urgewalt", hörte ich ihn sagen. Bewegt betrachtete er dieses Schauspiel. Noch ahnte er nur, daß dieses neue Land mit seiner Urgewalt die Schönheit und Kraft seiner *eigenen* Seele widerspiegelte.

Plötzlich schwebte aus der Lichtsäule eine weiße Taube mit einem Palmzweig empor (Wer dächte nicht gleich an jene Taube, die dem Noah die Beendigung der großen Weltflut anzeigte?). Was geschah? Sie flog zu *ihm* – und löste tiefe Gefühle in ihm aus: Sehnsucht nach dem neu entdeckten Land, das er schon sah, doch noch nicht erleben konnte, Traurigkeit über sein Fernsein von diesem Land, Widerstand, weil er kaum glauben konnte, daß dieses Land sein eigenes war – doch auch „eine enorme Befreiung", weil er es schon gesehen hatte. Er empfand auch Frieden, weil seine Taube ihn mit den Fittichen zärtlich umhüllte und streichelte.

Nach der Imagination war er von dem, was er gesehen hatte, sehr berührt. Sein Ziel aber, den „Ort der Lebensbejahung", hatte er noch nicht erreicht. Wenige Tage später machten wir erneut eine Wanderung zu diesem Ort. Wir wollten, was in wertorientierten Imaginationen möglich ist, von der Stelle aus, an der wir uns das letzte Mal verabschiedet hatten, weiterwandern. Doch unser Mann fand sie nicht wieder:

Er irrte umher, begegnete einmal kurz der Taube, ein anderes Mal einer (verändert sich zeigenden) Lichtsäule. Wir unterbrachen, was nicht oft vorkommt, die Wanderung und gingen ins Gespräch.

Warum war es ihm nicht möglich gewesen, wieder in die Nähe der wundersamen Landschaft zu kommen? Das Ergebnis des Gespräches war: Er konnte nicht glauben, daß auch er glücklich sein *durfte*. Er fühlte keine Erlaubnis zum Glück. Er erzählte von schönsten Situationen, in die er sich hätte fallenlassen können. Jedes Mal aber hatte er einen Vorbehalt, ein Zögern gespürt, immer war da ein Nein in ihm gewesen, das ihm den vollen Genuß versagt hatte. Er durfte sich nicht der beglückenden Situation hingeben.

Ich bat ihn, um ihm den Wiedereinstieg in die Imagination zu erleichtern, sich eine Schneelandschaft kommen zu lassen – helles Licht, das auf Schnee fiel –, eine Landschaft, die noch gänzlich unberührt war .

Er schloß die Augen. Ich spürte seinen Wunsch, sich wie ein Kind in dieser schönen Landschaft tummeln zu können. Da hörte er eine Stimme, eine sehr unangenehme, keifende Stimme, die ihn „zur Raison" bringen wollte. Sie sagte, *er* sei es nicht wert, an diesem Ort zu spielen. Die Stimme war ihm vertraut, es war die Stimme seiner Mutter. Bevor er sich jedoch von seinem Schrecken erholt hatte, hörte er einen dröhnenden Schritt, der sich, von einem dunklen Wald her kommend, ihm näherte (Symbol für tief Unbewußtes). Er duckte sich nieder in der Erwartung dessen, was auch geschah:

Ein riesiger Fuß, der einer mächtigen Gestalt gehörte, stellte sich auf ihn und drückte ihn nieder (ein eindrucksvolles Symbol für sein Gefühl, vom Leben unterdrückt und nicht angenommen zu sein. Wer sich so fühlt, kann Leben unmöglich bejahen). Der Mann war hilflos. Er sah nicht die geringste Möglichkeit, sich von dem Druck zu befreien. Was sollte er tun?

Ich empfahl ihm, zu kapitulieren und alles mit sich geschehen zu lassen, was immer auch geschehe. (Jedes Mal, wenn ich in Imaginationen, selten genug, diese Anregung gegeben hatte, war die Folgegeschichte gut verlaufen.) Warum gab ich sie dieses Mal?

Das Scheitern gehört zum Leben wie der Erfolg. Es ist jedoch ein Unterschied, ob man es als ein Phänomen versteht, das *auch* zum Leben gehören kann – oder in ihm eine schlechthinnige Tragödie sieht. Es ist ein Unterschied, ob man das Gescheitertsein *zuläßt* oder nicht. Läßt man es zu – nachdem man sich ausreichend um dessen Abwendung bemüht hat –, kann das Zulassen Ausdruck eines letzten Restes von Freiheit sein und damit vielleicht der Beginn einer Veränderung.

Jahr um Jahr hatte sich der Mann erfolglos darum bemüht, sich von seinem Druck zu befreien. Wahrscheinlich hatte er ihn nicht tief *genug* gefühlt. Er hatte zwar unter seiner Unfreiheit gelitten, doch nicht *so* tief, daß er mit ganzem Herzen und allen Sinnen eine Veränderung hätte herbeiführen wollen. Daher schien es mir angebracht, ihn den *tiefsten* Punkt seiner Unfreiheit fühlen zu lassen, damit er endlich den Durchbruch zu dessen Gegenpol, der Freiheit, erleben konnte. Die Mitte der Nacht ist bekanntlich der Anfang des neuen Tages.

Zurück zur Imagination:

Der riesige Schuh drückte ihn in die Erde hinein – bis hin zur Erdmitte. Der Mann hatte keinerlei Einfluß mehr auf das, was mit ihm geschah.

Dann geschah etwas, was er sich in dieser Situation

nicht einmal hätte ausdenken können: In der Erdmitte, in der schwärzeste Dunkelheit herrschte, sah er plötzlich Licht. Das Licht wurde stärker und stärker, wärmer und wärmer, bis es ganz hell und heiß war. Aus dem Licht schälte sich eine weiße Blume heraus. Behutsam öffnete er deren Blütenblätter und legte sich in die Blüte hinein. Was er empfand, konnte er kaum beschreiben. Wunderschön fand er es an diesem Ort. Eine „unendliche Entspannung" breitete sich in ihm aus. Lange ruhte er sich aus – in dem ihm kaum bekannten Gefühl, sich auch ausruhen zu *dürfen*.

Dann ließ er sich fallen. Tiefer und tiefer ließ er sich fallen. Ein „riesiges Freiheitsgefühl" durchströmte ihn. Er begann zu weinen. Viel zu lange zurückgehaltene Tränen begannen endlich zu fließen. Er schwieg.

Nach einiger Zeit ließ er sich wieder hören. Eine weiße Hand, zu der sich eine Gestalt mit langem weißem Gewand zeigte, kam auf ihn zu. Die Hand (Symbol für die göttliche Hand) nahm ihn auf. Dann erlebte er, was auch andere in dieser Hand erfahren haben: ein neues Gefühl von Geborgenheit und Angenommensein.

Noch einmal weinte er sich aus, bis auch die letzten Spannungen aus ihm gewichen waren. Wieder ließ er sich fallen. Während er fiel, spürte er den warmen reinen Wind (Symbol für Geist), der sein Gesicht streichelte. Dann sah er einen Regenbogen, der mit seinen dichten Farben den ganzen Himmel überspannte.

Er „wußte", daß er durch ihn hindurchzugehen hatte. Er tat es und betrat eine „neue Welt". Die ihm schon bekannte Hand erwartete ihn. Nur einen Augenblick überkam ihn die alte Angst, wieder niedergedrückt und zerdrückt zu werden – dieses Mal von der starken Hand. Doch sie – sie kam ihm nur entgegen …

Die Hand trug einen Lichtball. Der Mann wagte es, in

diesen Lichtball hineinzugehen. Wieder befand er sich in der Mitte der Erdkugel. Dieses Mal aber war die Mitte hell, ganz hell (Gegenpol zum Ort seiner großen inneren Dunkelheit). Und er – er fühlte sich frei, ganz frei.

7. DER INNERE HALT

Begegnungen mit dem unbewußten Gott

Wenn Menschen leiden, haben sie *eine* Hauptfrage, und sei sie ihnen noch so wenig bewußt: die nach dem *inneren* Halt. Nicht ein *bestimmtes* körperliches, seelisches, geistiges oder soziales Problem stellt letztlich ihre größte Bedrängnis dar, sondern die ungelöste Frage, was sie *halten, tragen* und *bergen* kann, wenn das Leben für sie schwer, vielleicht zu schwer geworden ist – worin sie Sinn finden können, wenn die bekannten Sinnquellen zu versiegen beginnen.

Die Frage nach dem inneren Halt ist jedoch keineswegs nur die Hauptfrage des Bedrängten, sondern auch jedes anderen Menschen, der ein verfeinertes Gefühl dafür hat, daß die Frage nach dem *Grund* des Lebens zu den menschlichsten aller Fragen gehört. Denn es gehört zum Menschen, über sich selbst hinaus nach Grund, Ziel und Mitte des Lebens zu fragen. Er fragt deshalb danach, weil er aufgrund seiner Lebenserfahrung von der Brüchigkeit des Glücks und der daraus resultierenden *Angst* im Leben weiß.

Die Frage nach dem inneren Halt war seit jeher auch die Frage nach der „tragenden Hand" des Lebens, nach Gott. Seit jeher aber war den Menschen auch die Unverfügbarkeit Gottes bewußt. Dennoch: Menschen sind keine Steine, die nur dann von der Sonne bestrahlt werden, wenn sie in einem günstigen Strahlungswinkel liegen. Menschen können aus dem

Schatten heraus und ins Licht treten. Sicher werden auch sie, wenn die Sonne nicht scheint, kein Licht empfangen. Sie können jedoch auf sie warten oder ihr entgegengehen. Das ist möglich. Das zeigen wieder einmal – ich denke an die innere Sonne – die wertorientierten Imaginationen. In der Seele wartet der verborgene Gott auf den Menschen – und der Mensch hat die Möglichkeit, sich ihm zu nähern.

Wir sind bereits in den vergangenen Kapiteln das eine oder andere Mal auf den „unbewußten Gott" gestoßen. Der Begriff stammt von V. Frankl, der damit nicht meinte, Gott sei an sich oder sich selbst unbewußt. Der Begriff besagt vielmehr, daß Gott dem *Menschen* unbewußt, also die Beziehung des Menschen zu ihm unbewußt sein kann, nämlich verdrängt und ihm selbst verborgen. In seiner existenzanalytischen Traumdeutung, die sich primär auf den unbewußten Geist konzentrierte, begegnete Frankl immer wieder Patienten, die sich atheistisch oder nicht-religiös nannten, und entdeckte selbst bei ihnen unbewußte Religiosität. Daraus zog er den Schluß, „daß Gott von uns unbewußt immer schon intendiert ist, daß wir eine, wenn auch unbewußte, so doch intentionale Beziehung zu Gott immer schon haben" (Der unbewußte Gott. München 1988, S. 47). Einfacher formuliert: Jeder Mensch ist in seiner Tiefe religiös. Diese These und deren hohe Bedeutsamkeit für ein sinnvolles Leben wurde im Bereich der Psychotherapie, wenngleich mit unterschiedlichen Ansätzen, z. B. von C. G. Jung und E. Fromm bestätigt und entfaltet. In meinem Buch „Neu beginnen!" (Konkrete Hilfen in Wende- und Krisenzeiten, Lahr 1996, S. 156 ff.) bin ich näher darauf eingegangen. Hier greife ich als Voraussetzung für die Darstellung der Imaginationen nur einige Punkte heraus:

1. Im Lauf der Imaginationsarbeit fiel mir auf, daß sich immer wieder Bilder zeigten, die die Klienten selbst als religiöse

Symbole empfanden und sie auch so benannten – Symbole aus christlich-abendländischer Tradition ebenso wie allgemein-religiöse. Doch *diese* Symbole hatten sie gar nicht gesucht! Merkwürdigerweise begegneten auch solche Klienten, die ihrer eigenen Aussage nach nichts oder kaum etwas mit Kirche, Theologie oder Religion zu tun hatten, diesen Bildern. Und – seltsamerweise – hatten *beide* Gruppen, die „Religiösen" wie die „Nicht-Religiösen", die gleichen tiefen und überwältigenden Gefühle. Um welche Gefühle handelte es sich?

Wenn ich Menschen frage, wonach sie sich *am meisten* sehnen, sprechen sie, nachdem sie die „schnellen" Antworten (Erfolg, Anerkennung, Geliebtwerden, gute Familie, soziale Sicherheit, mehr Zeit etc.) als nicht ausreichend empfunden haben, von Geborgenheit im Leben, von innerer Heimat, vom tiefen Sinngefühl, davon, im Leben verwurzelt zu sein, davon, im Leben sein zu dürfen, vom *Leben* geliebt zu werden. Gewiß, die Wortwahl ist unterschiedlich, der Inhalt jedoch nicht. Und von *diesen* Gefühlen sprechen auch die Imaginierenden beider Gruppen, wenn sie dem „unbewußten Gott" begegnen.

Das heißt nun, daß Menschen, ob religiös oder nicht, sich am meisten *danach* sehnen, was sie in der Begegnung mit dem „unbewußten Gott" erfahren können. Was Menschen am tiefsten berührt, was sie am meisten ausfüllt, was ihnen die stärkste Sinn-Erfahrung verschafft, was ihnen den tiefsten Halt gibt, das *können* sie erleben, wenn sie sich der Tiefe des unbewußten Geistes aussetzen. Ja, das ist möglich.

Wenn diese Behauptung wahr wäre … Wenn weit mehr Menschen als vermutet inneren Halt, tiefen Sinn und relative Angstfreiheit erfahren könnten, dann hätte die Psychotherapie – und nicht nur sie – allen Anlaß, sich weit mehr als bisher dem unbewußten Geist anzuvertrauen.

Gewiß wird mancher Leser einwenden, daß das behauptete

Traum- oder Imaginationsmaterial bestimmt nicht ausreiche, um die These vom „unbewußten Gott" wissenschaftlich vertreten zu können. Der Einwand gilt. Nur: Die Frage nach der wissenschaftlichen Bestätigung solcher Befunde wird für den, der sie und ihre *Auswirkungen* auf den Menschen fast Tag um Tag erfährt, relativ unwichtig.

Zunächst begegneten wir religiösen Symbolen eher „zufällig". Dann wagte ich den Versuch, sie *suchen* zu lassen – und zwar nicht den „unbewußten Gott" selbst, sondern jene inneren „Orte", an denen der Erfahrung nach religiöse Gefühle erlebt werden. Also wanderten wir z.B. zur „Inneren Heimat", zum „Grund, der immer trägt", zum „Ur-Vertrauen", zur „Hauptsache", zur „Tiefsten Geborgenheit", zur „Inneren Musik", zum „Gütigen Vater" (nach dem bekannten Gleichnis von Verlorenen Sohn). Und wieder zeigte sich, daß *beide* Gruppen die gleichen Bilder mit den ihnen entsprechenden tiefen Gefühlen entwickelten.

2. *Sehen* die Imaginierenden Gott? Wer wollte das zu behaupten wagen?!

Es ist aber doch vom *sichtbar* werdenden „unbewußten Gott" die Rede!

Ja. Aber nicht ich als Begleiter rede davon, sondern der Imaginierende selbst, und zwar dann, wenn die Bilder in ihm Gefühle auslösen, die er selbst als religiös versteht. (Allerdings kommt es vor, daß im Nachgespräch der Imaginierende von seinem Begleiter auf die Möglichkeit angesprochen wird, ein bestimmtes Symbol könne auch ein religiöses sein.)

Also noch einmal: Sieht man Gott in den Imaginationen oder nicht?

Wenn ich in den Nachthimmel blicke und einen Stern „sehe", dann „sehe" ich ihn und doch wieder nicht. Ich sehe seine Strahlen, den Stern selber aber „sehe" ich nicht ...

3. In den Imaginationen „sieht" der Imaginierende selten das „Gesicht Gottes". Und *wenn* sich ein anthropomorphes Bild solcher Art zeigt, sind die gütigen Augen Mitte des Blickfeldes. Der Mensch aber, der *diese* Augen sieht, ist nie mit der neugierigen Frage beschäftigt, wie „Gott" aussieht, sondern mit dem Staunen über die *Güte*, die aus diesen Augen strahlt. Vor allem aber: Es ist doch selbstverständlich, daß wir auch dann, wenn wir etwas sehen, was unsere üblichen Erfahrungen übersteigt, nur mit *menschlichen* (inneren) Augen sehen.

4. Das hat sich aus den Erfahrungen mit Imaginationen, in denen Klienten den „unbewußten Gott" suchen, deutlich herausgeschält: daß er nicht billig zu finden ist. Erst dann, wenn jemand die gröbsten inneren Blockaden gegen ein gelingendes Leben relativ gut abgebaut hat, also bestimmte Ängste, Aggressionen, Melancholien etc., sind die Zugänge zum unbewußten Geist, in dem sich religiöse Symbole zeigen, geöffnet. Von einem Menschen wird eben mehr verlangt als von einem Stein.

5. Nicht selten führen die imaginativ erworbenen neuen Erfahrungen auch bei einem sogenannten nicht-religiösen Menschen zum bewußten Umgang mit der Frage nach Gott, nicht nur kognitiv, also letztlich theoretisch, sondern auch existentiell und daher lebenspraktisch.

6. Wenn in diesem Kapitel von Gott oder dem religiösen Gefühl die Rede ist, so meinen diese Begriffe nichts theologisch oder kirchlich Dogmatisches. Sie meinen vielmehr die persönliche, nur scheinbar paradoxe *Erfahrung* eines Menschen, daß er sich in der Tiefe seiner *eigenen* Seele gegründet, verwurzelt und gehalten fühlt – von einem Grund („Gott"), der mit dem Menschen selbst *nicht* identisch ist. „Gott" zeigt sich in der Seele, aber er geht in ihr nicht auf.

Ich möchte im Folgenden einige praktische Bespiele vorstellen.

Eine Frau, die alles, was mit Kirche und Theologie zu tun hatte, streng ablehnte, machte eine Wanderung zum „Ort der verborgenen Lebenskraft". In ihrer *letzten* Imagination war sie zum „Ort der Hauptsache" gewandert. Sie hatte *vor* einer Säule gestanden, in der ihr „Lebensfeuer" loderte (Symbol nicht nur für Zerstörungskraft, sondern auch für Heiligung, Reinigung, Erneuerung). Was immer sie versuchte – sie blieb von ihm getrennt. Als sie schließlich in das Feuer hineinsah, erkannte sie in den eingeschlossenen Flammen eine Krippenfigur, die heftigste Abwehr in ihr auslöste. Sie verjagte sie mit den Worten: „Verschwinde, du hast hier nichts zu suchen. Ich will dich hier nicht wiedersehen!" Die Figur verschwand. In der daran anschließenden Imagination erlebte sie das folgende:

„Ich sah in eine heitere, sommerlich üppige Landschaft. Auf einer Wiese stand eine Frau im weißen Gewand. Im Arm hielt sie ein Füllhorn (Symbol für Fruchtbarkeit, Überfluß, Glück), griff fortwährend hinein und verstreute großzügig Blumen, Schmetterlinge, Sonnenschein und warmen Duft. Mit einem Satz sprang ich in das Füllhorn hinein und ließ mich hinabsinken.

Zuerst umgab mich blaues Licht, dann goldenes, schließlich feuerrotes. Dann wurde mir ganz heiß. Ich sah mich um und wußte sogleich, wo ich war: Ich befand mich heute *in* der durchsichtigen Säule, in der wieder mein Lebensfeuer brannte. Sogleich erinnerte ich mich an die Krippe (eines der bekanntesten christlichen Symbole) und wurde ganz aufgeregt. Ich befürchtete, im Feuer verbrennen zu müssen, ehe ich sie bergen konnte. Noch war auch die Krippe unversehrt.

Da wußte ich plötzlich, was zu tun war: Ich mußte mein Lebensfeuer aus der Enge der Röhre befreien! Mit großer Anstrengung versuchte ich, sie aufzubiegen. Es gelang mir. Wie da das Feuer aufloderte! Und ohne mich zu gefährden, holte ich die Krippe aus dem Feuer heraus. Sie war unbeschädigt, wie neu, wie geläutert. Ich war erleichtert und wurde ganz ruhig. Ich setzte mich vor das Feuer und sah es mir lange in stiller Freude an.

Die Krippe hielt ich auf dem Schoß und umfing sie mit beiden Armen, bis ich mit ihr eins wurde. Weder wunderte ich mich darüber, noch befremdete es mich. Der Vorgang vollzog sich mit der größten Selbstverständlichkeit. Es war wie eine Heimkehr. (Das Einswerden mit den bisher nicht gelebten Gefühlen, in diesem Fall mit dem religiösen Gefühl – symbolisiert durch die Krippe – gehört zu den entscheidenden Fortschritten in der Imagination).

Kurz tauchte die Frage auf, warum ich mich so lange dagegen gewehrt hatte; ich schob diesen Gedanken jedoch beiseite. Ich wollte mich in diesem kostbaren Gefühl nicht stören lassen. So saß ich lange Zeit, genoß dankbar, erwartete nichts, fühlte mich geborgen und reich beschenkt. Ganz unerwartet teilte sich das große Feuer in zwei Hauptflammen.

Die *rechte* entwickelte sich zu einem klaren sprudelnden Gebirgsbach. Dann wurde ich selbst zu dem Bach. Am Ufer saßen Angler, die „meine" Fische fangen wollten. Da ließ ich mich schneller strömen und trug sie aus der Gefahrenzone heraus. Danach leitete ich einen Teil des Wassers auf ein verdorrtes Feld (Symbol für vernachlässigtes oder ungelebtes Leben). Das Feld wurde grün und fruchtbar. Auch den Mühlstein einer Mühle setzte ich in Bewegung (so daß wieder Korn gemahlen werden konnte). Dann verströmte ich mich ins Meer (hier: Sinnbild für unerschöpfliche Lebenskraft). Als große Woge kehrte ich in mich selbst zurück: in die Betrachterin vor dem Feuer.

Der *linken* Flammenhälfte ‚entsprühten' Schmetterlinge. Sie sangen: ‚Auch Zartheit ist Kraft.' Sie sammelten alle Schönheiten des Lebens ein – Düfte, Klänge, Wärme, Kunstwerke – und trugen sie in mich hinein. Ich war verblüfft. Gleichzeitig fühlte ich mich unglaublich beschwingt und stark und mochte mich kaum von dem, was ich sah, lösen. Ich beschloß, die ‚Bilder' einfach mitgehen zu lassen. Da erschien hinter meiner Stirn in großen Lettern der Satz: ‚Du bist reich, reich, reich!' Daraufhin fiel mir die Rückkehr leicht."

Im Anschluß an die Darstellung dieser Imagination schrieb die Frau: „Diese Bilder waren ein Finale einer bislang ‚Unvollendeten' (gemeint ist die Religiosität). Seit der zweiten Imagination zog sich das religiöse Thema durch meine Bilder hindurch, beharrlich, einem roten Faden gleich. Mochten die Symbole auch unterschiedlicher Natur sein, sie wiesen alle auf dasselbe Ziel hin und verdichteten sich zunehmend. Es war ein langer Weg voller Widerstände, bis ich akzeptierte: die Auflösung all meiner Probleme liegt im Religiösen.

Warum nur diese Gegenwehr gegen Gotteserfahrung?! Habe ich mich doch immer für gläubig gehalten, wenn auch nicht unbedingt im christlichen und schon gar nicht im kirchlichen Sinne.

Aggression gegen die Institution Kirche = Abwehr gegen Gott? Welch falsche Gleichung habe ich da aufgestellt! Trotzdem möchte ich sagen, und Zorn steigt in mir hoch, die Kirche selbst war es, die mir meinen Glauben an Gott hat verächtlich werden lassen. Ein frühes Jugenderlebnis mit einem Theologen hat sicher diese negative Basis mitgelegt.

Die Imaginationen haben mir einen Weg gewiesen, den ich bestimmt niemals erwartet habe. Sie haben mich Gott erfahren lassen. Ich habe meinen „Ankerplatz" gefunden. Der Schatz war immer da, in mir selber so nah. Heute habe ich ihn geborgen und bin von tiefer Dankbarkeit erfüllt."

Solange sich das religiöse Gefühl nur mit dem *Genuß* des inneren Haltes begnügt, ist es nicht ausgereift. Es drängt vielmehr darauf, die Liebe, die sich durch den Halt zu entfalten beginnt, auch weitergeben zu können. Daß aber gerade die *innere* Welt den Menschen nicht nur auf sich selbst, sondern immer auch auf andere und anderes verweist, zeigt eindrucksvoll eine weitere Imagination der Frau, von der eben die Rede war. Wir wanderten zum „Ort der Lebensaufgabe":

„Meine Wanderung führte mich zunächst auf einen mittelalterlichen Marktplatz. Alles, was ich sah, glich aus Pappe geschnittenen Schaubildern, die in der Handlung erstarrt waren: Marktstände mit Käufern, einen Mann, der sein Kind knüppelte, einen Scheiterhaufen, auf dem ein Ketzer verbrannte, einen Menschenschlächter, der höhnend Halbverhungerten und Krüppeln mit einer Axt die Köpfe abhackte. Wie grausam das war! Da hier für mich nichts mehr zu tun war, verließ ich diesen leblosen Platz.

Ich kam zu einem Ort, von dem aus ich eine weite Ebene überblicken konnte. Sie kam mir vertraut vor. Nur – das Tal blühte nicht mehr. Alles (innere Leben) war hier verdorrt.

Dann sah ich es wieder (das gestrandete Segelschiff auf dem Fluß; ich hatte diese Szene in einer vorlaufenden Imagination bereits gesehen). Sofort wußte ich, wen ich auf dem Schiff vorfinden würde. Dort stand er auch: mein Vater. Und da, wo er stand, waren die Planken morsch. Mein Entschluß stand fest: Heute würde ich ihn von Bord weisen. Er hatte hier, auf meinem (Lebens-)Schiff, nichts mehr zu suchen. Es begann eine heftige Auseinandersetzung zwischen uns. Als es ihm nicht gelang, an mein Mitleid zu appellieren, zeigte er (wieder) sein hinterhältiges wölfisches Gesicht. Er drohte mir, er würde ertrinken, wenn ich ihn von Bord schickte. Doch wie nie zuvor wurde mir klar, daß er keinerlei Recht mehr hatte, mein Schiff zu besetzen. Ich konnte auch seinen Haß ertragen. Zwar empfand ich nun doch Mitgefühl, aber – ich blieb standhaft. Ruhe, Leichtigkeit, Kraft zogen in mich ein. Kein Schuldgefühl stellte sich ein. Ich war über mich selbst verwundert. Mein Vater verließ mich.

Sogleich machte ich mich daran, das Schiff zu restaurieren. Dann setzte ich die Segel. Unter dem Kiel sprudelte eine riesige Quelle und füllte die ganze Ebene aus. Daraus wurde ein bewegtes Meer. Mein Lieblingswetter wurde sichtbar: frisch-kühler Wind, Wolken auf blauem Himmel, Sonnenschein. Gischt sprühte mir ins Gesicht. Ich fühlte mich frei und stark. Mit voller Kraft segelte mein Schiff. Wohin ich fahren sollte und auch wollte, war mir klar.

Die auf dem Foltermarktplatz erstarrten Wesen waren inzwischen zum Leben erwacht. Tiefe Empörung erfaßte mich beim Anblick der gequälten Gestalten. Mein Einschreiten bereitete allen Greueltaten ein Ende. Es war ein schwerer Kampf, aber ich konnte nicht anders handeln und fand dazu auch die erforderliche Kraft.

Da kam ein Ungeheuer von Mann auf mich zu, groß, massig und feist, geschmückt mit goldenen Amtsketten, Epeauletten und Orden. Er hatte ein solches Gewicht, daß seine Fußabdrücke geradezu Schluchten hinterließen, in die Menschen hineinstürzten. Mit sadistischem Grinsen zertrat er die armen Gestalten. Dann blickte er zu mir herüber, herausfordernd, triumphierend: ‚Geh mir aus dem Weg, du Winzling! Ich bin der Würdenträger dieser Stadt und bestimme allein, was hier geschieht. Wenn du versuchst, mich daran zu hindern, wird es dir wie denen da ergehen.‘ Dabei zeigte sein ausgestreckter Arm auf die getöteten Menschen. Ich erwiderte: ‚Das könnte ich dann nicht ändern. Aber Menschen wie dich muß man aufhalten. Das ist meine Aufgabe.' Obwohl ich tatsächlich im Vergleich mit ihm winzig war, baute ich mich vor ihm auf. Widerstreitende Gefühle rasten in mir: große Angst, zugleich das sichere Gefühl, mich dem Unrecht entgegenstellen zu müssen. Das *mußte* ich tun. Dieses Gefühl machte mich sonderbar ruhig und stark. Schritt für Schritt ging ich auf ihn zu, breitete meine Arme aus, ging noch näher auf ihn zu – und wurde zu einem brennenden Kreuz. Dann geschah das Seltsame: Je näher ich auf ihn zuging, desto kleiner wurde er. Je kleiner er wurde, desto verstörter wurde er.

Plötzlich drehte er sich um und starrte auf etwas, was ich nicht gleich erkennen konnte. Das einstige Ungeheuer fiel auf die Knie und murmelte: ‚Verzeih mir, verzeih mir!' Dann sah auch ich ‚es': Ein Wesen stand hinter uns, ein Wesen, kaum beschreibbar. Doch ich wußte, daß es Gott war. Mir war, als wäre er mir schon lange nahe gewesen. Auch ich kniete nieder. Dem gar nicht mehr bedrohlichen Mann liefen Tränen übers Gesicht. Er griff nach meiner Hand. Ich ließ es geschehen. Und Gott segnete uns."

Diese Imagination kann gewiß unterschiedlich interpretiert werden. Man könnte sie z. B. ausschließlich subjektiv und daher die Auseinandersetzung mit dem Vater auf dem Segelboot als nicht ausreichend verstehen. Dann wäre die Auseinandersetzung mit dem Ungeheuer auf dem Marktplatz ein verschärfter Kampf um die Loslösung vom Vater gewesen.

Man könnte aber auch die neue religiöse Erfahrung der letzten Imagination und die abgeschlossene Auseinandersetzung mit dem Vater in dieser als Bedingung dafür ansehen, daß die Frau nun frei genug war, sich in der Welt den Entrechteten zur Verfügung stellen zu wollen. Ich verstehe die Imagination in diesem Sinne, und – was wichtiger ist – so verstand auch die Frau sie.

Zweifellos sind viele Bilder unserer inneren Welt zunächst einmal Ausdruck dessen, was in uns ganz *persönlich* vorgeht, also dessen, was wir persönlich ahnen, fühlen und denken. Andere Bilder dagegen – ich denke jetzt nicht an die des „kollektiv Unbewußten" (C.G. Jung) – sind seelisch-geistige Spiegelungen der („objektiven") *Wirklichkeit*. Selbstverständlich haben auch diese *gespiegelten* Bilder eine höchst persönliche Färbung, doch werden deren Inhalte von der jeweiligen *Wirklichkeit* bestimmt.

Eine jüngere Frau litt unter ihrer inneren Gespaltenheit. Einerseits war sie gemeinschaftsfähig, wirkte oft lebenslustig und war deshalb bei Freunden und Kollegen beliebt, andererseits gab es manchmal Zeiten, in denen sie zu sich selbst wenig Kontakt fand, sich nicht mochte und sich „schrecklich unwichtig" fühlte. „Die Religion" war für sie ein höchst unsympathisches Thema. Von mir aus kam ich deshalb darauf nicht zu sprechen (wie auch bei anderen Klienten nur selten). Als sich unsere Arbeit dem Ende zuneigte, wanderten wir zum „Ort der inneren Einheit".

Die Frau wanderte zunächst zum Strand eines Meeres. Deutlich fühlte sie, daß sie die „innere Einheit" nur in dessen Mitte finden konnte. Also wanderte sie über den Meeresgrund der Mitte entgegen. Fische ganz unterschiedlicher Art begleiteten sie dabei. Die einen wirkten lebendig, die anderen weniger lebendig. Sie sah auch Pflanzen unterschiedlicher Art, und auch sie wirkten lebendig und weniger lebendig.

Plötzlich bemerkte sie rechts vor sich viele Menschen, grau, gebückt, die in einem langen Zug in dieselbe Richtung gingen wie sie. Von ihnen ging viel Dunkelheit aus.

Doch ehe sie die fremden Wanderer näher betrachten konnte, fiel ihr Blick auf einen zweiten Zug. Diese Menschen gingen aufrecht, hatten Fackeln in den Händen und strahlten selber Licht und Helligkeit aus (ein beeindruckendes Symbol für die Gespaltenheit der Frau, die sich bereits in der Unterschiedlichkeit der Fische und Pflanzen gespiegelt hatte). Die Frau selbst wanderte in der Mitte der so unterschiedlichen Züge.

Allmählich wurde es in der Ferne hell, ja strahlend. Nach einiger Zeit gelangten alle in einen sehr großen Saal, in dessen Mitte ein Thron stand.

Auf ihm saß eine männliche Gestalt mit „zeitlosem" Gesicht. Wer war sie? „Mir fällt dazu nur Gott ein", sagte die Frau verwirrt, nachdem sie länger geschwiegen hatte. Sie konnte es kaum fassen: So viel Güte und Freundlichkeit ging von ihm aus! Sie fühlte sich „angenommen und aufgehoben". Ihr war, als sei sie „endlich angekommen".

Sie setzte sich zu seinen Füßen, den Rücken ihm zugewandt. Hier wollte sie bleiben. Weitergehen mochte sie nicht. Sie fühlte es deutlich: Einen besseren Platz im Leben gab es für sie nicht.

Dann sah sie zu den Menschen herüber, die mit ihr den Weg zur Mitte gefunden hatten. Die beiden Züge hatten sich an diesem Ort *aufgelöst*! Sie waren *nicht* mehr getrennt. Sie waren *eins* geworden! Sie wandten sich einander zu, hörten einander zu, sprachen miteinander. Alle waren von „einer ungeheuren Lebendigkeit gepackt". Es war gar nicht mehr zu erkennen, wer welchem Zug angehört hatte. Die Szene glich einem „orientalischen Basar". Und die Frau war „mittendrin".

Irgendwann wanderte sie doch weiter. Sie „wußte", daß sie die neu gewonnenen Kräfte ausleben mußte. Sie kam zu einer Tür, hinter der ein Raum in gleißend helles Licht getaucht war. Das Licht ging von einer Kugel aus, die in der Mitte des Raumes stand. Bei näherem Hinsehen erkannte die Wanderin auf der Kugel ein Mosaik. Auf jedem Mosaikteil fand sie Szenen ihres ganzen Lebens (Kugel in diesem Zusammenhang als Symbol für Ganzheit). So sah sie z. B. ihre Mutter, auch ihren Vater. Doch alle aggressiven Gedanken, die sie noch kürzlich gegen beide gehegt hatte, waren jetzt wie verflogen. Sie lächelte, während sie die Eltern anschaute. Sie sah auch den Mann, von dem sie verletzt worden war wie von keinem anderen. Lange betrachtete sie sein Bild, dann wandte sie sich – ohne Groll – dem nächsten zu.

Nachdem sie sich viel Zeit für die Betrachtung ihres Lebens genommen hatte, umarmte sie die Kugel ihres Lebens und weinte. Doch diese Tränen flossen nicht aus der Trauer, sie flossen aus einem bislang nicht gekannten Gefühl tiefer Befreiung heraus.

Eine Zwischenbemerkung: Ich kann mir vorstellen, daß dem einen oder anderen Leser die Schilderungen der Imaginationen zu gefühlvoll sind. Darf ich dagegen einwenden: Nicht die Schilderungen, sondern die Imaginationen sind gefühlvoll. Aber nicht um seichte, sentimentale oder „bloße" Gefühle geht es, sondern um Gefühlskräfte, die das *Dasein* bestimmen. Und wenn wir angesichts solcher Schilderungen inneren Widerstand verspüren, so vielleicht deshalb, weil wir solcher Gefühlsdichte entweder entwöhnt sind oder sie noch nie erlebt haben. Eine andere Imagination:

Ein gläubiger Mensch, der sich nach nichts mehr sehnte als danach, von Gott auf- und angenommen zu sein, erlebte gerade dieses Gefühl eher selten. Seine Imagination führte ihn zum „Ort der Geborgenheit". Nach dieser Wanderung sagte er, was auch andere gläubige Menschen nach Imaginationen beschrieben haben: daß sein religiöses Gefühl eine ungewöhnliche Tiefe erreicht habe. Es ist eben ein Unterschied, ob wir nur Ahnungen, Gefühlen und Gedanken begegnen – oder Bildern, die den *ganzen* Menschen bewegen, weil sie nicht nur seine Sinn-, sondern auch seine Sinnlichkeitsgefühle berühren.

Dem Mann wurde darüber hinaus sein innerer Reichtum bewußt: ein Zusammenspiel von erworbener Bildung, entwickelter Sensibilität und ursprünglichen Bildern. Die folgende Aufzeichnung stellte er mir zur Verfügung:

„In der Tiefe angekommen, ahnte ich, daß meine Reise mich durch die Jahrhunderte führen würde. Ich sah Abschnitte von jeweils 100 Jahren vor mir:

Im 20. Jahrhundert sah ich, wie der zweite Weltkrieg tobte. Grausame Schlachten wurden geschlagen. Ich sah das Bild von Paul Weber, auf dem Millionen von Menschen hinter den Fahnen in einen bereit liegenden Sarg marschieren.

Ich kam ins 19. Jahrhundert. Auch da Krieg.

Im 18. Jahrhundert: versteckte Konflikte.

Im 17. Jahrhundert sah ich den 30jährigen Krieg. Ganz Deutschland zerstört. Marodierende Banden, schreiende Frauen und Kinder. Entsetzliche Metzeleien. Ich schloß die (inneren) Augen vor soviel Grauen.

Im 16. Jahrhundert: Krieg auch zu Luthers Zeiten.

Im 14. Jahrhundert sah ich Millionen von Frauen, die als Hexen verbrannt wurden. Ich sah sie auf den Scheiterhaufen und hörte ihre Schreie.

Im 10. Jahrhundert: Ich freute mich auf Friedrich II. Er sprach mit Juden und Arabern in Palermo arabisch. Die Wissenschaften blühten. Im Hintergrund aber vernahm ich das Scharren von Pferden, auf denen gut gerüstete Reiter saßen. Konflikte auch hier.

Im 4. Jahrhundert: Das Christentum wurde Staatsreligion, aber auch das brachte keinen Frieden.

Im 1. Jahrhundert: Ich sah Jesus auf dem Berg der Seligpreisungen. Ich wollte mich ihm anschließen. Da sah ich die Römer auftauchen. Auch hier konnte ich nicht bleiben.

Mein Weg ging weiter in die Tiefe. Ich sah Plato und Sokrates, doch Frieden fand ich auch bei ihnen nicht. Irgendwann hörte ich auf, die Jahrhunderte zu zählen.

Mutterseelenallein stand ich in einer archaischen Welt. Ich sah nur Berge und Wasser, keinen Menschen, auch kein Tier. Ich trat in den Abdruck eines Sauriers, sah aber auch ihn nicht. Kein Laut eines lebenden Wesens war vernehmbar. Urlandschaft (der Seele).

Plötzlich wurde ich in den Weltenraum gezogen. Eine Macht zog mich. Sie zog mich zu einem fremden Planeten. Weiter führte mich der Weg durch Eiswüsten und Eisstürme.

Schließlich gelangte ich in eine beleuchtete Höhle, in der ein Künstler am Werk war. Aus Eis, Sand und Nebel formte er ein Gebilde.

Plötzlich befand ich mich – wie durch einen Zauber – in seiner Hand. Ich sah nur seine Hand, die übrige Gestalt sah ich nicht. Ich spürte nur etwas Großes und Mächtiges. Er war beglückt darüber, daß ich endlich angekommen war.

Der Künstler formte und gestaltete weiter. Immer mehr Landschaften begannen zu grünen. Dann nahm er aus der Erde einen Kloß, holte sein Herz hervor und preßte einen Tropfen seines Herzblutes in den Kloß hinein. Ein Mensch entstand. Ich war tief berührt. Dabei kam mir der Gedanke: Wenn ein Mensch stirbt, kommt dieser Tropfen zu seinem Schöpfer zurück und findet wieder Platz in seinem Herzen.

Ich schaute von oben auf die Erde hinab. Kain und Abel stritten sich. Auch viele andere schlugen aufeinander ein. Wieder hörte ich das Geschrei von verletzten und sterbenden Menschen. Da bemerkte ich, daß das, was geschah, den Künstler schmerzte. Ich hörte ihn sagen: ‚Ich habe den Menschen alle Möglichkeiten zu einem besseren Leben gegeben, aber sie haben nicht gewollt. Ich habe ihnen Freiheit gegeben, darum greife ich nicht ein. Die Welt ist so, wie sie ist, weil die Menschen nicht das Gute suchen.‘ (Nicht selten hören Menschen in Imaginationen ihnen selbst fremd erscheinende Worte).

Dann konnte ich erleben, wie der Künstler mich (noch einmal) schuf. Noch einmal nahm er einen Kloß, formte *mich* und drückte auch mir das Blut seines Herzens ein. Danach küßte er mich wie närrisch und drückte mich so fest an sich, daß ich auch nach der Imagination noch seinen Abdruck spürte.

Ich verließ das Paradies. Ich wurde nicht vertrieben, sondern in die Welt geführt. Ein großer Engel mit dem Flammenschwert (der traditionell den Menschen den Zugang zum Paradies verwehrt) ging hinter mir her und beschützte mich auf meinen Wegen.“

Eine ähnlich beeindruckende wertorientierte Imagination erlebte ein junger, innerlich reicher Mann, der schon eine Reihe innerer Wanderungen gemacht hatte. Sie führte ihn zum „Ort der Hauptsache“. Es kann sein, daß das, was er auf dieser Wanderung erlebte, sein weiteres Leben wesentlich bestimmen wird. Die Imagination zeigt erneut den Zusammenhang zwischen dem *Erleben* des unbewußten Gottes und der inneren Aufforderung, die starken religiösen Erfahrungen *konkret* werden zu lassen. Aus der Vielfalt der Bilder gebe ich nur die wichtigsten wieder:

Schon bald sah er „Gott", der ihm eine große Truhe mit zahllosen Schubfächern hinstellte. Darin waren „lauter Freiheiten". Dem Mann war klar, daß seine Lebenszeit nicht ausreichen würde, um auch nur einen Bruchteil dieser Freiheiten leben zu können. Bevor er jedoch darüber nachzudenken begann, welches Fach er wählen sollte, zeigte ein Engel auf ein bestimmtes. Er öffnete es und holte eine Kugel „mit ungeheurer weißer Leuchtkraft" hervor. Seltsamerweise blendete sie ihn nicht (Weiß: Farbe des Lichtes, auch der Reinheit).

Dann breitete sich die Kugel um ihn herum aus, so daß er in deren Mitte stand. „Sinn pur" und „ungeheure Kraft" umgaben ihn von allen Seiten und füllten ihn ganz aus (er rang nach Worten, wiederholte immer wieder diese).

Nach einiger Zeit löste er den Blick von dem, was um ihn herum geschah und sah in die Weite des Kosmos. Wieder hatte er Mühe, Worte für das zu finden, was sich ihm zeigte. Die unüberschaubare Zahl der Planeten befand sich in einer „großen, wunderbaren Ordnung". Das Universum war in vollkommener „Balance". Diese Ordnung war „tief gut".

Die Szene wechselte. Der junge Mann flog über alle Kontinente und viele Städte hinweg. Da sah er, daß die großen Städte, z. B. New York, stark verletzt waren. Starkes Mitgefühl überkam ihn.

Seine Reise führte ihn weiter zu seinem (sehr attraktiven) Arbeitsplatz. Doch das Haus, in dem er bislang gearbeitet hatte, war für ihn zu eng geworden. Er konnte nicht anders: Er verließ die Stätte. In seinem Rucksack trug er – die „Sinnkugel". Viele Menschen folgten ihm, denn sie wußten, daß er ihnen Wichtiges geben konnte. Schließlich legte er die Kugel an einen Ort, zu dem alle Zugang hatten. Sogleich wuchsen zahllose herrliche Früchte aus ihr hervor.

Alle wurden davon satt. Die Früchte stillten nicht nur den Hunger des Körpers, sie stillten auch den Hunger der Seele.

Als alle gesättigt waren, schwebte die Erdkugel in ihrer blauen Schönheit herbei. Alle verneigten sich und küßten den Ort, an dem sie zu Hause waren.

Zum Schluß möchte ich die Imagination eines älteren gläubigen Mannes vorstellen, der sich in einer schweren Lebenskrise befand. Er fühlte sich schuldig, obwohl er *gedanklich* viele seiner inneren Selbstvorwürfe entkräften konnte. Er machte eine innere Wanderung zum „Ort des gütigen Vaters":

Sein Weg führte ihn in eine Allee mit hochgewachsenen Bäumen, die in einen grauen Himmel hineinragten. Seine Schritte waren schleppend. Nur schwer kam er voran. Er hatte den Eindruck, als laste das ganze Weltgewicht auf seinen Schultern. Doch war da zugleich, wenn auch nur wie ein Keim, ein anderes Gefühl: eine vage Hoffnung, eine zarte Vorfreude auf das, was er – vielleicht – erleben würde.

Aus der Ferne kam ihm ein alter Mann entgegen. Als die beiden auf gleicher Höhe waren, grüßte der Alte mit einer solchen Freundlichkeit, daß der Wanderer einen Augenblick stehen blieb. Auch der Alte blieb stehen. Dem schuldbeladenen Mann kam es vor, als hätte jener alle Weisheit und Liebe der Welt in sich vereinigt (ein Vorspiel zur Begegnung mit dem „gütigen Vater").

Nach dieser Begegnung fiel dem Imaginierenden der Weg leichter. Die Bäume schienen fast fröhlich zu rauschen. Der Himmel hellte sich auf. Der Weg unter ihm schien weniger steinig.

Dann sah er ein Schloß, das trotz seiner Größe eher einem großen Gutshof glich. Es strahlte eine seltsame Bescheidenheit aus. Viele Tiere bevölkerten den Hof. Männer und Frauen gingen ihrer Arbeit nach. Von allen Lebewesen, die er sah, ging ein großer Friede aus. Der Mann blieb stehen. Ihm war, als befinde er sich in einem fremden Land, das ihm zugleich vertraut schien.

Er war noch ganz in die Betrachtung dieses sonderbaren Hofes versunken, als eine hohe Gestalt sich ihm langsam näherte. Als würde er magisch von ihr angezogen, ging er, Schritt für Schritt, auf sie zu. Licht, Wärme, Güte, Freundlichkeit und ein grenzenloses Wissen von allen Dingen des Lebens ging von ihr aus. Als die Gestalt ihm ganz nahegekommen war, kniete der Mann nieder. Tief ging sein Atem. Er sagte nichts.

Viel später, als er sich von der Imagination längst verabschiedet hatte, erzählte er:

„Ich hatte mich selbst vergessen. Ich war nicht mehr da. Und doch war ich da, mehr als je zuvor. Das Ergreifendste aber war, daß „die Gestalt" alles Schwere, die schweren Gedanken ebenso wie die schweren Gefühle, daß sie jeglichen Druck *aus mir herausnahm*. Ja, ich kann das nicht anders sagen. Das habe ich ganz deutlich auch in meinem Körper gefühlt. Sie hob das Schwere in mir auf und nahm es zu sich.

Mir war und ist noch immer, als hätte in seiner (!) Nähe das alles keine Geltung mehr: mein Versagen nicht, meine Schuld nicht, mein Scheitern nicht – als hätten solche Dinge in seiner Nähe einfach keinen Platz ... Ich fange an, *das* zu begreifen: Ich habe viel zuviel auf mich gesehen und viel zuwenig auf *sein* Wesen."

VON DER WEISHEIT DES UNBEWUSSTEN GEISTES

Was das Unbewußte von der Sinnfindung weiß

1. DER ZUGANG ZUR INNEREN WELT

Nur wer sich den inneren Bildern öffnet, dem erschließen sie sich. Deshalb findet Zugang zur inneren Welt der Bilder, der Gefühle und den Gefühlskräften, der Ahnungen, Einsichten und Weisheiten nur der, der sich auf sie einläßt, sich ihr anvertraut. Wer sie skeptisch, mißtrauisch oder überheblich beäugt, kann keinen Zugang zu ihr finden. Nur wer ihr Vertrauen schenkt, dem zeigt sie ihre innere Wirklichkeit. Nur wer tut, was sie ihm sagt, erfährt ihre lebensverändernde Kraft. Wer sie immer wieder sucht, dem vertieft sie sich.

Die Widerstände gegen die innere Welt zeigen sich höchst eindrucksvoll schon am Beginn wertorientierter Imaginationen. Hat jemand etwa Angst vor dem „Ort der Freiheit", kann ihm bereits der Eingang in die innere Welt versperrt sein. Dann findet er z.B. ein Gitter vor dem Eingang einer Höhle vor. Es kann auch sein, daß er, nachdem er in die Tiefe zu wandern begonnen hat, nichts als blauen „Nebel" sieht. Möglicherweise hört und sieht er an den Felswänden gespenstische Gestalten, die ihn zurücktreiben wollen. Hat er diese Hürden genommen, sieht er sich u.U. „von oben". Er kommt – und das ist wörtlich zu nehmen – nicht zu sich, wird nicht mit sich eins. Diese und andere Beispiele zeigen, daß die unbewußte Welt sich nur dem erschließt, der für sie aufgeschlossen ist.

Wer mit den tieferen Wahrheiten der Seele in Berührung kommen will, wird sie nur erfahren, wenn er es wagt, sich seiner inneren Welt mit ganzem Herzen und ganzer Seele anzuvertrauen.

2. ALLES LEBEN IST BESEELT

„Schläft ein Lied in allen Dingen,
die da träumen fort und fort,
und die Welt hebt an zu singen,
triffst du nur das Zauberwort."

An *welches* Zauberwort dachte Joseph von Eichendorff, als er diesen Vers schrieb? Wahrscheinlich an das Wort „Phantasie" – nicht an „bloße" Phantasie, sondern an jene, die aus dem Gefühl geboren wird, daß *alles* Leben – trotz seiner unüberschaubaren Vielfalt – zusammengehört und daher eine belebte Einheit und Ganzheit, ein Netzwerk bildet. Wahrscheinlich dachte er an jene Phantasie, die „weiß", daß es nichts im Leben gibt, was davon ausgenommen ist. Wie sollte es auch irgendetwas im *Leben* geben, das in sich kein Leben hätte?

Der Wanderer der inneren Welt steht z. B. am Strand des Meeres. Da fällt ihm ein glänzender Stein auf. Er sieht in ihn hinein und entdeckt einen Festsaal in unvergleichlicher Schönheit. – Er findet eine Lotusblume. Er schaut in die Blüte hinein und entdeckt in ihr eine weiß gekleidete lichte Gestalt. – Er horcht in den Wind hinein und hört Lieder aus uralter Zeit.

Ein *Lied* in allen Dingen? Ist dieser Gedanke nicht unrealistisch? Ist er nicht ein Rückfall in veraltetes „magisches Denken"? Nur für den, der nur gelten läßt, was er anfassen und messen kann.

Und wenn schon dieses „Lied" in allen Dingen des *Unbe-*

wußten verborgen sein mag, so gilt das wohl kaum für die Realität? Doch! Weil Leben eins und ganz ist und die Trennungslinie zwischen der bewußten und unbewußten Welt nichts anderes ist als eine willkürliche Setzung des Menschen.

Was bedeutet das für das konkrete Leben?

Was uns umgibt und womit wir leben, fordert uns zur Achtsamkeit heraus. Was wir beachten, weil wir es anschauen, zu dem gewinnen wir eine Beziehung. Überall da aber, wo solche Beziehungen entstehen, kommt neuer Sinn zum Vor-Schein.

Die innere Verwandtschaft zwischen dem Menschen und allem anderen Leben hat auf unvergleichlich schöne Weise ein Indianerhäuptling beschrieben: „Wir sind ein Teil der Erde, und sie ist ein Teil von uns. Die duftenden Blumen sind unsere Schwestern, die Rehe, das Pferd, der große Adler – sind unsere Brüder. Die felsigen Höhlen, die saftigen Wiesen, die Körperwärme des Ponys – und des Menschen – sie alle gehören zur gleichen Familie" (Wir sind ein Teil der Erde, Die Rede des Häuptlings Seattle an den Präsidenten der Vereinigten Staaten von Amerika im Jahre 1855, Trimbach 1982, S. 10 f.).

In allem, dem wir begegnen, begegnen wir dem Leben.

3. SINNLICHKEIT UND SINNFINDUNG

Wenn wir den Weg in und durch die innere Welt finden wollen, ist es wichtig, alle Sinne zu gebrauchen. Was sehe ich, was höre, rieche, schmecke, was ertaste ich? Immer dann, wenn wir in der inneren Welt unsere Sinne gebrauchen, wird uns das, dem wir uns zuwenden, vertrauter. Was uns vertrauter wird, schließt sich uns auf. Was sich uns aufschließt, zeigt uns sein Wesen. Was uns sein Wesen zeigt, zeigt uns seinen Sinnkern. Und wenn wir dem Sinnkern anderen Lebens begegnen, wird auch unser eigenes Sinngefühl berührt.

Wenn ein Wanderer während seines Abstieges in die innere Welt wunderschöne Klänge hört und ihnen folgt, kann es sein, daß er ohne Umwege zu jenem Ziel gelangt, zu dem er gehen wollte. – Wenn er von einem klaren Quellwasser trinkt, wird er nicht nur erfrischt und belebt – es kann auch sein, daß er hier, an dieser Quelle, sein inneres Zuhause findet. – Wenn er sein inneres unverletztes Kind wiederfindet und es umarmt, kann es sein, daß er einen starken Zuwachs an Kraft verspürt. Diese und zahllose andere Beispiele aus wertorientierten Imaginationen zeigen, daß Sinnfindung der Sinnlichkeit bedarf.

Das gilt nicht weniger für die Realität. Warum? Weil Sinnfindung nicht nur ein geistiger Akt ist, sondern ein Akt des *ganzen* Menschen – so wie *gelebter* Sinn nie nur den Geist, sondern auch den ganzen Menschen belebt.

Es ist auch in der Realität ein Unterschied, ob ich z. B. einen Baum nur betrachte oder ihn auch umarme und seinen Duft aufnehme. Es ist ein Unterschied, ob ich ein Konzert auf einer Kassette oder das Konzert in einem Konzertsaal höre und dabei auch den Geruch aufnehme, der von der Bühne zu mir herüberweht. Es ist ein Unterschied, ob ich einen Menschen mit einem blassen „Hallo“ oder mit einem wamen Händedruck begrüße.

Ach, wieviel sinnerfüllter könnte unser Leben sein, wenn wir weniger halbseitig der Welt in ihrer Vielfalt begegneten.

Sinnlichkeit und Sinnfindung gehören zusammen.

4. DAS ZIEL SUCHEN

Wer eine innere Wanderung beginnt, wird sein Ziel nur erreichen, wenn er es mit Leib, Seele und Geist *sucht*, denn selten ist ein wertvolles Ziel leicht erreichbar. Die Märchen, die Spiegelungen der menschlichen Seele sind, sagen das so: Jene Schätze, die das Herz ausfüllen, liegen niemals auf den Wegen, die „alle" gehen. Man findet sie nur, wenn man diese Wege verläßt und, zum Beispiel, in Wäldern und Meeren, auf Gipfeln oder in Höhlen sucht. Denn gerade *das* ist das Wesen der Schätze, daß sie zunächst verborgen sind. Kein Prinz erobert seine Prinzessin ohne Entbehrungen, Bemühungen und Kampf. Hexen wollen ihn verführen. Verräter nehmen ihn gefangen. Wilde Tiere trachten nach seinem Leben. Berge verschließen ihm den Weg. Diese und viele andere Hindernisse hat der Glückssucher zu überwinden. Doch er *kann* sie überwinden und ans Ziel gelangen, wenn er das, wonach ihn verlangt, unbedingt und mit allen seinen Kräften sucht.

Das, was den Imaginierenden auf seinem Wege ängstigt oder fasziniert, was ihn deprimiert oder beglückt, mag noch so aufregend oder interessant sein – entscheidend ist, daß er sein Ziel im Blick behält und *eine* Frage mitwandern läßt: Ist das (was ich hier erlebe) wichtiger als mein Ziel?

Es kann sein, daß er zum „Ort der verborgenen Lebenskräfte" möchte. Vielleicht schallt ihm bereits am Beginn seines durch Felsengelände führenden Weges von beiden Seiten Hohngelächter entgegen. Soll er sich mit diesen störenden Wesen auseinandersetzen – soll er weitergehen? Was ist jetzt wichtiger? – Mag sein, daß er kurz danach zu einem herrlich klaren See gelangt, der ihn zum Bade einlädt. Will er an diesem Ort bleiben (was sehr verständlich wäre), oder den Weg fortsetzen – dorthin, wohin er ursprünglich wollte? Was ist jetzt wichtiger?

Es ist erstaunlich, wie leicht sich Menschen in Imaginationen von dem Weg, den sie gehen wollten, ablenken lassen. Noch erstaunlicher jedoch ist, welche Gefühlsfülle die erfahren, die sich bei der Suche nach dem Ziel treu bleiben.

Der menschliche Geist ist intentional. Er richtet sich auf Werte und Ziele aus. Er *sucht* sie. Das aber heißt: Geist ist kein Trieb, deshalb wird niemand zur Suche angetrieben. Andererseits ist Geist in dem Maße lebendig, in dem er auf Ziele und Werte ausgerichtet *bleibt*.

In einer aufregenden Imagination geriet ein Mann, der mit einer schweren Krankheit zu kämpfen hatte, an einen schier endlos erscheinenden Abgrund. Rasch wurde ihm klar, daß die schwarze Untiefe, die sich vor ihm ausbreitete, ein Symbol für sein Leiden und die mit ihm korrelierende Angst war. Doch *wollte* er diesen Abgrund überwinden. Deshalb *suchte* er in der Dunkelheit einen nicht gar so dunklen Punkt – und fand ihn nach einiger Zeit. Dann kümmerte er sich um nichts anderes mehr als um *diesen einen* Punkt. Und der wurde heller und heller, bis sich das Gesicht eines Kindes zeigte. Es war sein eigenes, zu dem sich bald darauf seine ganze kindliche Gestalt zeigte. *Darauf* ging er zu. Nicht in den Abgrund hinein. Auf das lebendige Kind ging er zu. Dann geschah das Ungeheuerliche: Nachdem der Mann das Kind in sich gefunden hatte – es war unversehrt, sogar sehr lebensstark – nahm er es an die Hand und ging mit ihm durch den schwarzen Abgrund hindurch. Mit jedem Schritt nach vorn aber verwandelte sich die Dunkelheit in Helligkeit.

Wer konsequent sein Ziel im Blick behält und sich vom jeweils Wichtigeren leiten läßt, wird selbstverständlich auch die Erfahrung machen, daß er auf manche Möglichkeiten, die er *auch* hätte leben können, *verzichten* muß. Die Kraft jedoch, die aus dem in Freiheit geleisteten Verzicht erwächst – auch das zeigen die Imaginationen eindrucksvoll – kommt am Ende des Weges dem Wanderer zugute. Selbstverständlich gelten diese Erfahrungen nicht minder für das konkrete Leben.

Wer mit Leib, Seele und Geist auf sein Ziel ausgerichtet bleibt, erlebt die Kraft, es auch erreichen zu können.

5. IN DIE MITTE SEHEN UND GEHEN

Wer in der inneren Welt in die Mitte der Dunkelheit oder des Lichtes sieht *und* geht – etwa in die Mitte einer Blume oder eines Felsens, in die Mitte des Raumes oder des Meeres – wird erfahren, daß dort die Zentren des Lebens liegen, und daß von ihnen aus die Wege weiterführen. Dabei geht es nie nur um einen Erkenntnis- und Gefühlsakt (des Hineinsehens), sondern immer auch um einen Handlungsakt (des Hineingehens). Werte, Sinn, Ziele, volles Leben erreiche ich eben immer nur dann, wenn Leib, Seele und Geist sich im Zusammenspiel verbinden.

Die Mitte ist der „Ort", an dem ich das, was ich erkennen und erreichen möchte, am unmittelbarsten erlebe. Sie bildet die Einheit in der Vielfalt des Lebens.

Diese Leitlinie für innere Wanderungen ist auch für das reale Leben von größter Wichtigkeit. In die Mitte sehen, heißt, nach dem zu fragen, was wirklich wichtig ist, nach dem, worum es primär geht – und es zu tun. Wer sich in den wechselnden Situationen seines Lebens die Frage stellt: „Was ist das Wichtigste?" oder auch: „Ist das (was mich bedrängt oder ängstigt) *so* wichtig?" wird darüber staunen, wie differenziert sein Wertgefühl ihm darüber Auskunft gibt, was er zu tun hat und was nicht. Nicht nur das: Er wird auch die *Kraft* spüren, das Wichtigste zu tun.

Wer die Mitte der Dinge sucht, erkennt deren Wesen und Sinn, wird dadurch in seinem eigenen Wert- und Sinngefühl berührt und hat die Kraft, das jeweils Wichtige auch zu tun.

6. AUF DIE ÖFFNUNGEN SEHEN

Wenn ein innerer Weg zu eng erscheint, ist es wichtig, so wenig wie möglich auf die Begrenzungen und so viel wie möglich auf die Öffnungen zu sehen. In Imaginationen sind z. B. Tunnelöffnungen manchmal so klein, daß der Wanderer zunächst meint, nicht weitergehen zu können. Oder: Die Felswände sind so nah aneinander gerückt, daß er glaubt, den Durchgang nicht wagen zu können. Sieht er dann vor allem auf die *Öffnungen* und nicht auf die Begrenzungen, erlaubt der Weg nicht nur den Durchgang, er weitet sich manchmal sogar aus.

In den Begrenzungen liegen die Möglichkeiten zum Leben *nicht* – in den Öffnungen liegen sie. Der auf die Begrenzungen fixierte Blick verleitet dazu, die entstandene Erwartungsangst größer werden und aus noch überschaubaren Hindernissen Höllenmauern werden zu lassen. Andererseits: Der Blick auf die Öffnungen – und seien sie noch so schmal – ist der einzige Grund zur Entwicklung von Hoffnung. Wenn jedoch Hoffnung entsteht – und sei sie nur ein kleiner Keim – vermindert sich die Erwartungsangst. Und wenn *sie* sich vermindert, vermindert sich auch die Starre des Körpers, der Seele und des Geistes. Der nächste Schritt ist möglich.

Kann das im konkreten Leben auch so sein? Ja. Zahllose Beispiele aus der therapeutischen Praxis belegen diese Behauptung. Und, nüchtern gesagt: Es bleibt uns ja manchmal auch gar nichts anderes übrig, als *darauf* zu sehen, welche Strohhalme das Leben noch anbietet. Dann aber kann es sein, daß sich der eine oder andere Strohhalm – nicht nur in Imaginationen – zum festen Seil *entwickelt*.

Sehe ich in der Not auf die mir verbliebenen Möglichkeiten, dann sehe ich auf das vorhandene Leben.

7. SCHRITT FÜR SCHRITT

In einer Imagination ging ein Wanderer über dunkle Wege. Immer wieder stieß sein Fuß an Widerstände. Plötzlich brach der Weg ab. Tief war der Abgrund, der sich vor ihm auftat. Panik überkam ihn. Als er sich umdrehte, sah er, daß auch der Rückweg ihm versperrt war. Da geschah es: Wie von unsichtbarer Hand gezogen, machte er einen Schritt nach vorn – scheinbar in die gähnende Tiefe hinein. Er fiel *nicht*. Unter ihm hatte sich ein Stück Weg gebildet. Und mit jedem weiteren Schritt bildete sich ein neues Stück Weg. Was geschah, konnte er nicht fassen. Rascher und rascher wurden seine Schritte. Bald hatte er den Abgrund, der keiner mehr war, überwunden. Er stand im frischen Licht der aufgehenden Sonne.

Nur eine Imagination? Gewiß, über reale Abgründe kann man so nicht hinweggehen. Doch der Abgrund, von dem hier die Rede ist, meint ja einen Abgrund der Seele. Wie real aber die gelungenen Wanderungen über die inneren Abgründe sein können, erweist sich an den *Auswirkungen* auf das konkrete Leben!

Was heißt das für das konkrete Leben selbst?

Wenn ich mich in einer schwierigen Situation befinde, kann ich das *Nächstmögliche* tun – in der Erwartung, daß mich das Leben weiterträgt, auch wenn ich den Weg noch nicht sehe.

Worin liegt der Grund für diesen vagen Versuch?

In der „unsichtbaren Hand".

Und was ist das?

Für manche ist sie ein Symbol für die „selbsttätige Seele", für einige „das Leben selbst", für andere der „unbewußte Gott". So oder so – um eines kommt niemand herum, der sich in einer schwierigen Situation befindet: darum, Vertrauen zu wagen. Und Vertrauen zu wagen gelingt dem am ehesten, der sich an manches „Ziehen" guter „Hände" in früheren Zeiten erinnert.

Wenn ich keinen Weg mehr vor mir sehe, ebnet nicht selten die innere Welt einen Weg für mich – Schritt für Schritt.

8. DIE GUNST DES WARTENS

Manchmal kommt es vor, daß ein Wanderer nicht weiter weiß. Alle Bemühungen, ein Wegzeichen zu finden, den Weg zu erfragen oder die Richtung zu erahnen, sind gescheitert. Dann kann es wichtig sein zu *warten*, bis sich eine neue Perspektive zeigt. Das sieht in Imaginationen z. B. so aus: Jemand steht vor einer scheinbar unüberwindbaren Mauer. Er hat sie genau studiert, doch nirgendwo zeigt sich ein Tor, geschweige denn eine Öffnung. Entschließt er sich dann zum Warten auf eine mögliche Veränderung seiner Situation – der *Entschluß* ist wichtig, denn er ist ein persönlicher Akt und kein passives Geschehenlassen –, wird die Veränderung fast immer eintreten. Fast jedes freie und geduldige Warten auf Neues bringt eine Entspannung der angespannten Lage und fördert *neue* Möglichkeiten zutage, die bisher nicht erkennbar waren. Im Bild:

Die Mauer beginnt, sich aufzulösen, eine Allee öffnet dem staunenden Wanderer den Weg zum ersehnten Schloß.

Nur ein Märchen? Nur eine harmlose, eher melancholisch stimmende Bildfolge – kein Grund also für Hoffnung angesichts der Realität?

Vorsicht! Warten können ist die Fähigkeit, zur *passenden* Zeit eine Entscheidung zu treffen. Der Aktionismus dieser Zeit hat allerdings dazu geführt, daß wir die Kunst freien geduldigen Wartens nicht gerade verfeinert haben. Geduld ist kein favorisierter Wert mehr.

Was ist Geduld? Geduld ist die Fähigkeit eines Menschen, gelassen auf den Kairos, die gute *gefüllte* Zeit, warten zu können. So verhindert er, daß er vorzeitig Wege probiert, die sich nach längeren Laufereien als Umwege oder Sackgassen herausstellen.

Wie viele Partnerkonflikte, wie viele Beziehungsschwierigkeiten, wie viele Berufsprobleme könnten gelöst werden, wenn die einen den anderen und nicht minder sich selbst Geduld entgegenbrächten. Ein kluger Mann hat einmal gesagt, nichts fürchte der Teufel mehr als die Geduld eines Menschen.

Wenn ich auf meinem Weg nicht weiter weiß, ist manchmal Warten das Mittel zur Lösung der Situation.

9. DAS ZULASSEN DES SCHEITERNS

Es kann vorkommen, daß ein Wanderer nicht nur nicht mehr weiter weiß, sondern auch auf seinem Weg scheitert. Er wird, um ein Beispiel zu nennen, von so vielen Schlinggewächsen überzogen, daß er sich daraus allein nicht mehr befreien kann. Dann ist die Not groß. Oder: Er wandert und wandert und verliert immer mehr die Hoffnung darauf, jemals selbst das Ziel zu finden. (Ich setze dabei voraus, daß auch dem Begleiter des Imaginierenden keine phantasievolle Anregung mehr einfällt.)

Scheitern ist *auch* eine menschliche Seinsweise; zwar eine, die wir nicht wollen und gegen die wir uns mit aller Macht zur Wehr setzen – sie ist jedoch innerhalb der polaren Struktur des Lebens angelegt. Allerdings ist es ein Unterschied, ob wir uns gegen das offensichtliche Gescheitertsein mit Händen und Füßen wehren und uns deshalb immer tiefer ins Unglück verstricken – oder es als *Gegebenheit* akzeptieren. *Wenn* wir es akzeptieren, kann es sein, daß sich im Lauf der Zeit der Gegenpol dessen zeigt, woran wir gescheitert sind, und neues Leben in uns einfließt.

Das sieht in der Imagination so aus: Der Wanderer, der das Scheitern als Gegebenheit akzeptiert, findet sich damit ab, daß er von sich aus nichts mehr tun kann. Er verschafft sich mit kleineren Hilfen einen gewissen Spielraum: Er legt z. B. seine innere Hand aufs Herz, um sich zu beruhigen, er läßt seinen Atem durch den Rumpf fließen, so daß er sich ausweitet. Dann wartet er. Doch er wartet nicht ab. Er wartet zu – darauf zu nämlich, daß sich *neue* befreiende Bilder zeigen. Und sie zeigen sich in der Tat, aber nur dann, wenn er in den engen Grenzen seiner Situation den Rest seiner potentiellen Freiheit auslebt.

Und im konkreten Leben? Manchmal, wenn ein Mensch z. B. seine physischen Schmerzen kaum noch auszuhalten in der Lage ist, kann er sich *in* den Schmerz hineinfallen lassen. Manchmal, wenn die Depression die innere Dunkelheit noch dunkler macht, kann die bewußt vollzogene Kapitulation die Wende des Leidens einleiten. Manchmal, wenn die Lebensumstände katastrophal geworden und alle Lösungsversuche fehlgeschlagen sind, kann die bewußt gehißte „weiße Fahne" zwar nicht gleich die äußere, wohl aber die innere Situation verändern. Und warum?

Weil durch das *Eingeständnis* des Scheiterns die Verdrängung dieser Tatsache überwunden wird. Wird aber die Verdrängung überwunden, werden neue Kräfte frei, weil nichts mehr Kräfte bindet als der Widerstand gegen die Wahrheit. Im Grunde geht es um diese *eine* Frage: ob ich Leben verneine oder bejahe, ob ich auch *das* Leben, das ich am wenigsten gerufen habe, ablehne oder annehme. Und es scheint so zu sein, daß dann, wenn ich in das einwillige, was nun einmal ist, die Lebensgeister ihre Schwingen wieder auszubreiten beginnen.

Das Zulassen des Scheiterns kann letzter Ausdruck von Freiheit sein. Deshalb kann das Aufgeben des Widerstandes gegen die gegenwärtige Not die Bedingung für die Befreiung und der Beginn der Wende sein.

10. SEIN LEBENSSCHIFF SELBST STEUERN

Auf das Neue zuwarten, das Scheitern zulassen, wenn es denn sein muß, auf die Selbsttätigkeit der Seele hoffen – das sind Lebensweisen für Zeiten, in denen wir nicht mehr selbst am Steuer unseres Lebensschiffes stehen. Doch *das* zeigen viele imaginative Seereisen ganz deutlich: In aller Regel gilt, daß wir das eigene Schiff so weit wie möglich *selbst* zu steuern haben. Erstaunlich ist nur, wie viele Imaginierende gerade das zunächst *nicht* tun:

Bei manchen steht der Partner auf der Kommandobrücke, bei anderen die Mutter. Einige lassen es zu, daß niemand ihr

Schiff lenkt. Selbst das kommt vor: daß jemand widerwillig das Steuer übernimmt und bald den Wunsch äußert, so schnell wie möglich den nächsten Hafen ansteuern zu wollen. Wann immer jedoch der Imaginierende sein Schiff nicht selber steuert, gelingt die Seereise nicht: Der Himmel verdunkelt sich, die Sonne geht unter, das Schiff fährt, wohin es nicht soll, es wirkt verrottet, und vom Genuß des Meeres kann schon gar keine Rede sein.

Eindrucksvoll bestätigen die innerweltlichen Wasserfahrten die reichlich gesicherte psychotherapeutische Erfahrung, daß ein Mensch gar nicht darum herumkommt, sein eigenes Leben *selber* zu führen.

Wenn ich mein Leben selbst führe, ist das Leben mit mir einverstanden. Gelebte – und nicht nur behauptete – Selbstverantwortung ist die primäre Bedingung dafür, daß ich mein Ziel erreiche.

11. NUR NICHT ZURÜCKWEICHEN

Zu den häufigsten und nicht weniger beeindruckenden Erfahrungen der inneren Welt gehört diese: Wenn ein Wanderer vor seinem Feind oder Gegner, der größer ist als er selbst, nicht ausweicht, sondern auf ihn *zugeht*, verliert dieser – meistens – seine Größe. Dann wächst der Wanderer über sich selbst hinaus.

Da begegnet z.B. ein Mann seinem Vater. Der sieht den Sohn gebieterisch und drohend an. Der erwachsene Sohn sieht sich wieder als Kind. Im Nu versammeln sich alle alten, scheinbar längst vergangenen Ängste und stürzen wieder auf ihn ein. Wieder läßt er sich – wie einst in seinen Kindertagen – vom Vater demütigen und tut, was dieser von ihm verlangt. Das zeigt, daß der Sohn dem Vater noch immer nicht frei begegnen kann – und wahrscheinlich auch anderen starken Männern nicht.

Dann geht der Sohn einen Schritt auf den Vater zu – und der wird kleiner. Er wagt einen zweiten, auch einen dritten Schritt, bis beide voreinander stehen. Dann geschieht das Erstaunliche: Der Vater verliert, der Sohn gewinnt an Größe. Beide sind gleich groß, Vater und Sohn, und stehen sich jetzt als gleich große *Menschen* gegenüber.

Doch auch das erleben wir in Imaginationen häufig: Der Sohn dreht den Spieß nicht um, er bedroht nun seinerseits den Vater nicht. Warum nicht? Weil sich dessen Gesicht verändert hat. Es ist weicher geworden. Es zeigt eine gewisse Hilflosigkeit, auch Traurigkeit. Sogar ein scheues Lächeln huscht über sein Gesicht. Vor diesem Menschen braucht der Sohn keine Angst mehr zu haben, und darum hat er auch kein Bedürfnis nach Vergeltung mehr.

Diese und ähnliche Imaginationen zeigen, daß Mensch zu sein heißt, *Stellung zu beziehen*, von seiner Freiheit Gebrauch zu machen, nicht regressiv, also rückwärts gewandt zu handeln, sondern nach vorn zu gehen und so wenig wie möglich vor dem, was zu groß zu sein scheint, auszuweichen.

Nicht zurückweichen! Das gilt in Imaginationen nicht nur im Blick auf Menschen, sondern auch für alle inneren Gestalten, gleich welcher Art. Immer ist es das Darauf-zu-Gehen, das Ängste vermindert und Kräfte vermehrt. Damit bestätigen die Imaginationen in aller Klarheit die goldene Formel der Verhaltenstherapie, man solle und könne angstauslösende Situationen aufsuchen. Selbstverständlich auch in der Realität, womit die Verhaltenstherapie sich ja befaßt.

Wer zurückweicht, wird kleiner und verliert. Wer vorangeht, wird größer und gewinnt.

12. UNERLEDIGTES MUSS ERLEDIGT WERDEN

Viele Beispiele aus inneren Wanderungen zeigen, daß wichtige Aufgaben, die der Wanderer nicht erfüllte, ihn daran hindern, sein Ziel zu erreichen. Was kann das sein? Ein verschmutzter See, der darauf wartet, gereinigt, ein Adler im Käfig, der darauf wartet, befreit zu werden, ein vereinsamtes Kind (sein eigenes inneres Kind), das darauf angewiesen ist, daß er sich seiner annimmt.

Erfüllt er diese und andere wichtige Aufgaben nicht, werden sie ihm – das ist ein günstiger Fall – zu einem späteren Zeitpunkt wieder hingehalten. (Denken Sie nur an die Wiederholungsträume, die ja auch die Aufgabe haben, dem Träumer wichtige, ihm jedoch nicht bewußte Probleme so lange hinzuhalten, bis er zu begreifen beginnt, was sie ihm sagen wollen.) Möglich ist auch, daß der Wanderer unkonzentriert weitergeht, daß die (Lebens-)Landschaft immer unübersichtlicher wird und er die Orientierung verliert oder auf Barrieren trifft, die er nicht beseitigen kann. Und selbst dann, wenn er das Ziel erreichen sollte, wird er sich wenig daran freuen können.

Dieser Befund ist eine Bestätigung dafür, daß kein Mensch sich an seinen persönlichen Aufgaben vorbeimogeln kann, wenn sein Leben keinen Qualitätsverlust erleiden soll. Das heißt: Wenn hier und heute persönliche Aufgaben auf ihn warten – z. B. ein Gespräch mit dem Partner, ein besonderes berufliches Engagement, das Übernehmen einer öffentlichen Aufgabe etc. –, dann sollte er sie hier und heute erfüllen. Erfüllt er sie nicht, wird seine Seele ihn zu stören beginnen.

Doch auch darüber kann man staunen: Tut ein Wanderer, was die Situation von ihm erwartet, verändert sich zugleich die Umgebung: Die Dunkelheit zieht sich zurück. Licht kommt auf. Der enge Raum weitet sich und wird zum Festsaal. Der grimmige Ritter verwandelt sich in einen anmutigen Jüngling. Wenn sich ein Mensch verändert, fällt auf die Welt, in der er lebt, ein helleres Licht. Diese imaginativen Erfahrungen werden von den Märchen bestätigt: Wer z. B. an leidenden Menschen, Tieren oder Pflanzen *nicht* vorübergeht, der ruft die guten Feen herbei, die ihn fortan auf seinen Wegen schützen und ihn zu seinem Ziel geleiten. Wer den Schmerz verwundeter Geschöpfe lindert, dem öffnen sich die Pforten zum Glück. Wer andere Lebewesen beachtet, den beachtet das Leben.

Ob das in der Realität anders ist? Nein, nur mit dem Unterschied, daß die Veränderungen in aller Regel nicht immer so auffällig sind.

Persönliche Lebens-Aufgaben wollen hier und heute erfüllt werden.

13. VERGANGENES SEINLASSEN

Viele Imaginationen machen deutlich, daß der Mangel eines Menschen an der Fähigkeit, *gegenwärtig* zu leben, wesentlich damit zusammenhängt, daß er noch zu stark im Vergangenen verhaftet ist.

Der Wanderer begegnet seinem kaltherzigen Vater wieder (dem *Bild* vom Vater, wie er es erlebt hat) oder seiner viel zu früh verstorbenen Mutter. Oder: Er übt mit anderen Kindern einen Tanz ein, der den barbarischen Erziehungsstil von einst widerspiegelt. Oder: Er trifft seinen alten Lehrer, der vor vielen, vielen Jahren einen vernichtenden Satz gesagt hat.

Wann immer die Imaginierenden solchen Bildern wiederbegegnen, ist anzunehmen, daß sie – mehr oder weniger – noch immer daran gehindert werden, ganz da zu sein und im

Hier und Jetzt durchs Leben zu gehen. Dann werden sie die goldene Kugel übersehen und die Perle im Staube, die Lotusblume und die aufgehende Sonne. Erst dann, wenn sie sich an Ort und Stelle mit dem alten Leid auseinandergesetzt haben, werden sie „neue" Augen haben für diese faszinierende Welt. Noch einmal: Wer diese wesentliche Aufgabe nicht erfüllt, kommt nicht zur *Fülle* gegenwärtigen Erlebens.

Warum ist das so?

Weil das Unbewußte das alte Leidgefühl nicht vergißt, es sei denn, man bezöge noch einmal zu ihm persönlich Stellung – vom heutigen Standort aus. Denn das Unbewußte hat die starke Tendenz, die verborgenen Wahrheiten dem Bewußtsein zeigen zu wollen, damit das aufgelöst wird, was den freien Fluß des Lebens behindert.

Und warum macht das Stellungbeziehen vom heutigen Standort aus für gegenwärtiges Leben frei? Weil man von heute aus die Verletzungen von damals *anders* wahrnimmt und sich ihnen gegenüber anders einstellen kann.

Gegenwärtiges Leben ist nur in dem Maße möglich, in dem das vergangene Leben zur Ruhe kommen kann.

14. GEGENWÄRTIG LEBEN

Eindrucksvoll zeigen Imaginationen, in welchem Maße *gegenwärtig* orientiertes Leben sinnvolles Leben ist. Der Wanderer der inneren Welt ist vollauf damit beschäftigt zu sehen, zu hören, zu fühlen, zu erleben, zu tun, was sich ihm gegenwärtig zeigt. Er kommt kaum dazu, sich nach rückwärts zu orientieren oder gedanklich dem Weg vorauszueilen. Und wenn er es trotzdem tut, verliert er den Kontakt zu dem, was ihm hier und jetzt begegnet. Hier, an diesem Ort, findet Leben statt.

Der Imaginierende erlebt, daß das, was ihm die Gegenwart an Erscheinungsformen bietet, so vielfältig ist, daß ihm gar keine Zeit bleibt, sich der alten oder der neuen Zeit zuzuwenden. Er beginnt zu begreifen, daß in der Gegenwart die *Fülle* des Lebens liegt. Das gilt auch, wenn er durch Landschaften wandert, die nur Durchgangswege sind oder zu sein scheinen. Denn bleibt er stehen und macht sich etwa mit einem Baum vertraut *genug*, wird er sehen, daß da, wo er steht, die ganze Tiefe von Leben erfahrbar ist.

Besonders in Gefahrenzonen wird deutlich, daß nur in der Orientierung auf das Gegenwärtige die Möglichkeit liegt, Auswege zu finden. Wer sich zu stark zurücksehnt nach dem verlassenen Sonnenweg oder sich nur hinsehnt an das rettende Ufer, zerteilt die für die gegenwärtige Wahrnehmung dringend benötigte Aufmerksamkeit.

Das, was wir von der inneren Welt über gegenwärtiges Leben erfahren, gilt in gleicher Weise für die Realität.

Nur gegenwärtiges Leben ist sinnvolles Leben.

15. DER SANFTE UMGANG MIT DEM FEIND

Zu den überraschendsten Erkenntnissen gehört, daß Aggression in vielen Situationen kein Mittel zur Lösung von Problemen ist. Auch viele Märchen sprechen über Wut ganz anders als viele Seelenkenner unserer Tage. Sie erzählen z. B. von Flächenbränden los-gelassener Wut und mahnen deshalb, die Zunge im Zaum zu halten, bis der Wutdrang sich verzogen habe. Die Märchen wissen auch dieses: Menschen, die das Gute wollen, werden oft verletzt, mißachtet und hintangestellt. Doch wenn sie sich nicht verbittern lassen, werden sie eines fernen Tages für ihre Treue zu sich selbst und zum

Leben belohnt – wenn sie sich nicht verbittern lassen oder aggressiv werden.

Häufig, das erfahren wir in Imaginationen, ist der *sanfte* Umgang mit den Widerständen das Mittel der Wahl: Eine Tür scheint sich nicht öffnen zu lassen. Selten öffnet sie sich durch starken, oft durch leichten Druck. – Ein gefährlich erscheinender Panther kommt dem Wanderer entgegen. Sollte dieser z. B. nach einer Waffe greifen, kann das Tier gefährlich werden. Hilfreich kann dagegen sein, den Panther anzusprechen, sich mit ihm vertraut zu machen, ihm in die Augen zu sehen (Wer anderen Lebewesen *in* die Augen sieht, sieht Wesentliches von ihrer Seele), nach einem sympathischen Zug an ihm Ausschau zu halten, ihm Nahrung zu geben. – Wird ein Wanderer von einer finsteren Gestalt verfolgt, kann durch aggressives Verhalten ihr gegenüber die Situation prekär werden. Bittet er dagegen den Verfolger, ihn dorthin zu führen, woher er kommt, entdeckt er nicht selten dessen eigentliches, ganz und gar unaggressives Wesen.

Der Grund dafür, daß der sanfte Umgang mit feindlich wirkenden Lebewesen weiterführt als der aggressive, liegt meiner Auffassung nach darin – viele Märchen bestätigen diese Annahme –, daß auch das Feindliche im Leben letztlich darauf wartet, von seinem eigenen Haß *befreit* zu werden.

Gewiß gibt es auch in Imaginationen nach wie vor Situationen, die Kampf verlangen. Nicht umsonst ist jedem von uns die Aggressionsfähigkeit als Mittel zur Bewältigung schwieriger Situationen mit in die Wiege gelegt worden. Doch die imaginativen Erfahrungen zeigen, daß sie nur im Notfall das Leben bestimmen sollte.

Es ist schon seltsam, daß die viel geschmähte Forderung des Weisen aus Nazareth, man solle die Feinde lieben, durch die innere Welt eine tiefe Bestätigung erfährt.

Ob der sanfte Umgang mit Gegnern und Feinden allen Ernstes auch für die Realität gilt? Frage: Wann sind Sie Ihrem Kontrahenten gegenüber offener – dann, wenn Sie attackiert werden – oder dann, wenn er Ihnen entgegenkommt? Darüber wäre vieles zu sagen. Jetzt nur dieses: Es ist ja unsere *eigene* innere Welt, die uns zur Revision unserer aggressiven Impulse und Gewohnheiten herausfordert.

Nicht Aggression, sondern Wohlwollen kann Feindschaft überwinden.

16. DIE SELBSTABLEHNUNG ÜBERWINDEN

Man kann sagen: Alle feindlichen Elemente, die wir auf unseren inneren Wegen finden, sind gegen uns selbst gerichtete Elemente. Denn die Sümpfe und Abgründe, die spitzen Steine und aggressiven Tiere, die Giftzwerge und die drohenden Riesen sind nicht Wesenheiten außerhalb, sondern innerhalb unserer eigenen Seele. Das wußten schon immer die Märchen, die Mythen und Träume. Die Imaginationen bestätigen dieses uralte Wissen: Ja, ein Mensch kann *gegen* sich selbst sein, selbst dann, wenn er es gar nicht weiß.

Von drei krassen Beispielen für Selbstablehnung war schon die Rede: von einer verbitterten Frau, die sich an eine Felswand gekettet sah; von einer nur *scheinbar* gesundungswilligen Kranken, die *den* Teil von sich in einer Höhle entdeckte, der ganz und gar nicht gesunden wollte; und von der inneren Folterkammer. Die Entdeckung der *jedem* Menschen eigenen Tendenz, sich selbst nicht nur annehmen, sondern auch ablehnen zu können, ist für die Entwicklung der Persönlichkeit von größter Bedeutung. Gewiß ist diese Tendenz unterschiedlich stark ausgeprägt, doch gibt es niemanden, der davon verschont bliebe.

Jener grimmige Lebensgegner in uns, der das Ja zum Leben sabotiert, raubt nicht nur viel Kraft, er behindert auch die freie und sinnvolle Gestaltung des ganzen Lebens! Deshalb gilt: Je stärker die Selbstablehnung ist, desto geringer ist die Sinnerfahrung.

Ein modernes Beispiel für Selbstablehnung im konkreten Leben ist zu starker Streß. Man kann sich nur wundern, wie rasch unser gesamter Organismus darauf reagiert: Alles in uns klagt, ärgert sich, beschwert sich und stöhnt, wenn wir uns dem Disstreß ausliefern.

Das Gehirn meldet sich: „Alles steigt mir zu Kopf."
Das Auge wehrt sich: „Das kann ich nicht mehr mit ansehen."
Die Blutgefäße mahnen: „Das Blut gefriert mir in den Adern."
Die Lunge ahnt: „Etwas schnürt die Kehle zu."
Das Herz befürchtet: „Ich glaube, ich kriege einen Schlag."
Der Magen warnt: „Ich ärgere mir ein Loch in den Bauch."
Den Nieren geht „alles" an die Substanz.
Die Bauchspeicheldrüse, der Darm, die Blase, die Muskulatur und ..., sie alle stimmen ein in den Chor der überforderten inneren Organe, um deren Gesundheit der Mensch sonst so besorgt ist.
„Zwei Seelen schlagen, ach, in meiner Brust ..."

Selbstablehnung führt zu Selbstzerstörung. Selbstzerstörung aber ist Ablehnung konkreter Selbstverantwortung.

17. VON SEINEM GRUNDPROBLEM WISSEN

Die wesentlichen Probleme der Menschen haben – trotz unterschiedlichster Ausformungen – nur *eine* Quelle, und die muß man kennen. Die meisten anderen lassen sich daraus ableiten.

Die Grundprobleme sind weithin identisch mit den im Ennea-
gramm genannten Negativ-Quellen: gestaute Aggressivität,
unangemessener Stolz, Unwahrhaftigkeit, innere Heimatlosig-
keit, innere Leere, Angst, Sucht nach Glück, Gewalt, Initiativ-
losigkeit. Diese Grundprobleme werden den inneren Wande-
rern in genialer Einfachheit vor Augen geführt. Nehmen wir als
Beispiel das Grundproblem „gestaute Aggressivität":

Ein Mann, der durch seine gebeugte Körperhaltung auffällt,
wandert zum „Ort der Aggressivität". Er gelangt in einen
Raum, in dem er einen Holzklotz, eine Axt und viel Holz vor-
findet. Ihm ist klar, was er zu tun hat. Doch in dem Augenblick, in dem er die Axt nach oben schwingen läßt, senkt sich
die Decke so tief herab, daß er den Schlag nicht ausführen
kann. – Oder: Eine Frau, die immer wieder unter starken
rheumatischen Beschwerden leidet (also unter körperlichen
Stauungen), wandert zum „Ort der Aggressivität" und findet
sich im Wehrturm einer Burg wieder. Oben angekommen,
sieht sie die Schießscharten, aus denen üblicherweise die
Feinde abgewehrt werden. Sie erschrickt: Die Schießscharten
sind vermauert. Die Verteidigung ist nicht möglich. Macht
man mit einem Klienten dieses Typus eine Reihe von Imaginationen, wird man feststellen, daß die gestaute Aggressivität
auch in vielen anderen Situationen symbolhaft zum Ausdruck kommt und *dominant* die Seele durchzieht. Andererseits: *Stellt* er sich seiner Grundproblematik und bearbeitet er
sie, dann zeigt sich, daß in allem, was ist, keimhaft das Gegenteil enthalten ist. Wenn die gestaute Aggressivität gründ-
lich bearbeitet worden ist, wird sie auch in anderen Imaginationen – und *auch* im konkreten Leben – keine dominante
Rolle mehr spielen.

Wann ist denn ein Grundproblem „bearbeitet"? Dann,
wenn sich ein Mensch von dessen heilloser Wirkung ausreichend hat *erschüttern* lassen – und seine Sehnsucht nach dem

Gegenpol ihn dazu herausfordert, endlich so zu leben, wie er leben könnte.

Wer sich verändern will, muß sein Grundproblem kennenlernen und daran arbeiten.

18. VOM INNEREN BILD DER MÖGLICHKEITEN

In jedem Menschen wartet ein Bild, das seine Seele ihm zeigen möchte. Dieses Bild stellt ihn in seinen verborgenen *Möglichkeiten* dar. Es ist kein Wunschbild.

Diese Behauptung hätte ich vor Beginn meiner Arbeit mit wertorientierten Imaginationen als idealistische Rede abgetan. Die Erfahrungen sind jedoch so eindeutig, daß wir dieses innere Bild als ein Existential, als ein zu jedem Menschen gehörendes Phänomen, verstehen können.

Ein Beispiel: Eine Frau gelangt in einen Spiegelsaal und wandert von Spiegel zu Spiegel. Da sieht sie ein Bild aus ihrer frühen Kindheit. Sie freut sich über die Lebenslust, die aus dem Gesicht spricht. Auch die nächsten Spiegel zeigen sie in ihrer Fröhlichkeit. Dann wird sie nachdenklich: Sie schaut in ein trauriges Gesicht. Die nächsten Spiegel – Gesichter aus späterer Zeit – spiegeln die Problematik wider, deretwegen sie bei mir ist.

Mit allen Gesichtern verbindet sie konkrete Erinnerungen oder Aussagen ihrer Eltern. Nur das Gesicht im letzten Spiegel ist ihr *zunächst* fremd. Es ist schön, auch klug. Es strahlt Lebenswillen aus und die Fähigkeit, gut mit Leben umgehen zu können. Es zeigt eine Wärme, die weich ist und doch stark zugleich. Dann geschieht Merkwürdiges: Zunehmend wird der Imaginierenden das Gesicht vertraut, und sie beginnt, es als ihr eigenes und eigentliches anzunehmen. Sie erkennt sich *selbst* in ihren ursprünglichen Möglichhkeiten.

Das aber geschieht meistens nicht, was sonst oft geschieht, wenn einer den anderen auf eine liebenswerte Eigenschaft anspricht: Da ist keine Abwehr in ihr, auch kein Schamgefühl. Da ist nur Freude über das eigene, ursprüngliche Sein – und der starke Wunsch, *diesem* Selbstbild entgegenzuleben.

In jedem Menschen lebt ein Bild, das darauf wartet, ausgelebt zu werden.

19. DAS LICHT IST STÄRKER ALS DIE DUNKELHEIT

Nichts in der inneren Welt ist so wichtig wie das Licht. Wenn es sich zeigt, sind für den Wanderer die größten Gefährdungen überwunden. Dann ahnt oder erkennt er Auswege, dann wird ihm warm, dann fühlt er Lebenskraft. Es kommt auch vor, daß das Licht so hell und warm ist, daß er ihm (noch) nicht oder nur für kurze Zeit begegnen kann. Dann ahnt oder weiß der Imaginierende, daß *dieses* Licht „mehr" ist als das Licht des Tages. Er ahnt oder weiß, daß es göttliches Licht ist. Selbst „nicht-religöse" Menschen spüren das in einer solchen Situation.

„Licht", sagt M. Lurker, „ist in seiner Hindeutung auf das Göttliche, das Immaterielle, das Gute und das Leben eines der religiösen Ursymbole. Das Licht entspricht in all seinen Manifestationen – Sonne, Mond, Blitz, Feuer – dem Wesen der Gottheit" (a.a.O.).

Einige Beispiele aus Imaginationen: Verzweifelt kämpft ein Mann mit einem anderen um Leben und Tod. Der Feind läßt sich nicht abschütteln. Alle Versuche, selbst die scheinbar kraftvollsten, mißlingen. Erst in dem Augenblick, in dem er den Widersacher in einen Lichtstrahl hineinzieht, löst er sich in seiner Feindlichkeit auf. – Auf ihrer Wanderung verliert eine Frau die Orientierung. Schließlich sieht sie nichts als tiefe Dunkelheit. Auf meine Anregung hin sucht sie nach einem Lichtschimmer. Sie findet ihn, geht darauf zu und gelangt in weites blühendes Land. – Ein Mensch sieht in die Mitte des Lichts hinein. Er erkennt eine Gestalt. Sie ist nicht irdischer Natur. Langsam geht er einige Schritte auf sie zu. Weitergehen mag oder kann er nicht. Denn das Licht und die Ausstrahlung der Gestalt sind so überwältigend, daß ein Näherkommen ihm unmöglich erscheint.

Bei näherer Betrachtung der mir bekannt gewordenen Imaginationen (etwa 10 000) drängt sich mir eine Einsicht auf: daß die Dunkelheit im Unbewußten zwar quantitativ überwiegt, das *Licht* jedoch stärker ist als die Dunkelheit, jedenfalls für den, der es sucht und sich nach ihm ausrichtet.

Was besagt das für das konkrete Leben?

Das Dunkle im Leben drängt sich von selbst auf – das Helle muß man suchen. Die Wut z. B. kommt über mich – um Versöhnung muß ich mich bemühen. Die Zwänge, gleich welcher Art, nehmen mich von selbst gefangen – nach der Freiheit muß ich mich ausstrecken. Unglück stellt sich von selbst ein – nach Gründen für Glück muß ich suchen. Die dunklen Kräfte kommen ungerufen – für die guten Mächte muß ich mich öffnen.

Das Licht ist die Kraftquelle des Lebens.

20. GRENZEN DER ERKENNTNIS AKZEPTIEREN

Immer wieder kommt es vor, daß Imaginierende aus (verständlicher) Neugier Grenzen überschreiten wollen. Ein Beispiel: Ein Mann hat seinen Widersacher bezwungen. Der verläßt den Platz der Auseinandersetzung und geht in die Dunkelheit zurück, aus der er kam. Statt sich nun mit dem errungenen Frieden zufriedenzugeben, folgt ihm der Imaginierende. Der Weg führt nicht nur in die Finsternis, sondern auch noch in tiefere Tiefen. Da bleibt der Widersacher stehen und fordert den Imaginierenden auf, mit ihm gemeinsam in einen Abgrund zu springen. Der Mann wäre dazu bereit gewesen, hätte ich ihn nicht darauf aufmerksam gemacht, daß es in der inneren Welt auch Abgründe gibt, die uns möglicherweise gefährden und die wir deshalb meiden sollten (Der Imaginationserfahrene erahnt intuitiv diese „Orte").

Die Überschreitung von Grenzen kann gefährlich sein. Das gilt keineswegs nur für die innere Welt. Wie wichtig wäre es deshalb, wenn wir am Ende dieses Jahrtausends diesen von der Weisheit des unbewußten Geistes legitimierten Satz mit großem Ernst zur Kenntnis nähmen, damit wir nicht weitere dunkle Geister rufen, die wir nicht mehr loswerden.

Wir Menschen *sind* an Zeit und Raum und manches mehr gebunden. Doch wer die freien Räume *innerhalb* der weiten Grenzen dieses Lebens auswandert, sieht und erlebt genug, um das Leben – trotz der *bleibenden* Dunkelheiten – beglückend finden zu können.

Die Räume innerhalb der Grenzen des Lebens sind weit genug, um ausreichend Sinn erleben zu können.

ANHANG

Ich hab das Lied schon fast vergessen

EIN GESPRÄCH ZUM THEMA: WOHER NEHME ICH DIE KRAFT ZUR VERÄNDERUNG?

Ein Mann, der sich dem 5. Lebensjahrzehnt näherte, hatte beruflich alles erreicht, was er erreichen konnte: Er wurde zum Meister seines Fachs, gewann das Ansehen seiner Kollegen und Kunden und erarbeitete sich ein nicht geringes Vermögen.

Verheiratet war er nicht, obwohl er Frauen sehr mochte und als Partner begehrt war. Es gab Frauen in seinem Leben. Doch je älter er wurde, desto rascher zog er sich von ihnen zurück, wenn sie Interesse an einer festen Bindung zeigten. Er hatte sich daran gewöhnt, tun und lassen zu können, was *er* wollte. Und nichts fürchtete er mehr als die „Beschneidung seiner Freiheit". Von seinem Beruf ließ er sich immer mehr beanspruchen, und es schien so, als sei er damit auch einverstanden.

Warum nur kam er zu mir in die Praxis? Er wußte nicht so recht warum. Da war etwas, was er nicht benennen konnte. Da kamen hin und wieder Gefühle auf, die seine Seele verdunkelten. Da waren Träume, die ihn beunruhigten.

KL. (Klient): Ich hatte einen seltsamen Traum: Ich wandere durch eine wunderschöne Heidelandschaft. Ich beginne zu singen. Über die erste Zeile der ersten Strophe komme ich jedoch nicht hinaus. Ich probiere es immer wieder. Doch es gelingt mir nicht, das Lied weiter, geschweige denn zu Ende zu singen. Schon im Traum wußte ich: Ich hab das Lied schon fast vergessen.

TH. (Therapeut): Fast?

KL.: Ich kenne das Lied ganz genau. Ich muß es früher oft gesungen haben. Es ist ein fröhliches Lied. Es handelt, glaube ich, von schöner Natur und der Liebe zum Leben.

TH.: Sie kennen das Lied ganz genau?

KL.: Na gut, ich hab den Text vergessen, aber ich weiß noch, worum es geht.

Beide schweigen.

TH.: Ihre Seele hat Ihnen diesen Traum hingehalten.

KL. (nach längerem Nachdenken): Was kann er bedeuten?

TH.: Wollen Sie wissen, was Sie vielleicht ahnen?

KL. (weicht aus): Merkwürdig ist das schon: Ich kenne das Lied und kenne es offenbar doch nicht mehr.

TH. (besteht nicht auf der Beantwortung seiner Frage): Sie haben es offenbar einmal gekannt. Sie könnten ihm – jedenfalls dem, wovon es handelt – wieder näherkommen, wenn Sie sich noch einmal auf die Traum-Landschaft einließen. In *dieser* Landschaft stieg das Lied ja in Ihnen auf. Ob Sie die Augen schließen mögen?

KL. (nach einer Weile): Ich sehe alles wieder vor mir: Die Heide blüht. Alles ist still. Über der ganzen Landschaft liegt viel Licht und Wärme.

TH.: Was empfinden Sie dort, wo Sie jetzt sind?

KL.: Frieden. Tiefen Frieden.

TH.: Ist da noch ein anderes Gefühl?

KL.: Ich möchte nirgendwo anders sein.

TH.: Noch ein anderes Gefühl?

KL. (nach einer Weile): Ja, auch ein seltsamer Schmerz.

TH.: In *dieser* Landschaft?

KL.: *Wegen* dieser Landschaft.

TH.: Mögen Sie die Augen wieder öffnen?

Nach einer Weile: Wegen dieser *wunderschönen* Landschaft empfanden Sie einen Schmerz? Obwohl Sie diese Landschaft in sich haben und sie auch in der Realität finden können?

KL.: Das ist schon merkwürdig ... Mir war eben, als wäre ich von ihr getrennt. Ich sah dieselbe Landschaft wie in meinem Traum. Ich hatte auch die gleichen Gefühle. Ich empfand jedoch, stärker noch als im Traum, einen gewissen Schmerz.

TH.: Wenn Sie sich noch einmal in den Schmerz hineinfühlen – mit welchem körperlichen Organ würde er sich am ehesten verbinden?

KL.(nach einer Weile): Mit dem Herzen.

TH.: Ihr Herz könnte Schmerz in einer *solchen* inneren Landschaft empfinden?

KL.(denkt längere Zeit nach, dann): Ja, das könnte es. Das ist so. Wegen des inneren Getrenntseins vom Frieden und von der Schönheit. Und wahrscheinlich ist das im *wirklichen* Leben auch nicht anders.

TH.: Ob Ihnen der Traum *das* sagen wollte?

In der nächsten Stunde schien es, als habe der Klient dieses Gespräch vergessen.

Er begann mit Themen zur allgemeinen politischen Situation in unserem Land. Nach einiger Zeit erkundigte ich mich danach, ob ihm die letzte Stunde noch nachgegangen sei.

KL.: Ich hab schon das eine und andere Mal daran gedacht. Aber, ich bin ja offen, es hat nicht viel mit mir gemacht.

TH.: Das *Gespräch* hat nicht viel mit Ihnen gemacht ...?

KL. (lacht): Na gut, ich hab nichts mit dem Gespräch gemacht.

Schweigen.

TH.: Es war Ihre *eigene* Seele, die Ihnen den Traum hingehalten hat.

KL.: Das stimmt schon … Aber: Das ist ja alles gar nicht so leicht … Natürlich ist mir aufgegangen, daß ich zuviel arbeite und anderes im Leben zu kurz kommt.

TH.: Was ist denn „das andere"?

KL.: Na ja, das mit dem Frieden und der Schönheit des Lebens.

TH. (herausfordernd): Sie scheinen danach tiefes Verlangen zu haben …

KL.: Hab ich auch, aber die Realitäten lassen eben nicht alles zu, was man sich wünscht.

Sehen Sie … (Er berichtet detailliert von dem, was er zu tun habe und worin er unabkömmlich sei und endet): Sie können mir glauben, daß ich durchaus auch manchmal den Wunsch habe, alles hinzuwerfen und auszusteigen.

Schweigen.

TH.: Welchen Wunsch haben Sie *jetzt*?

KL.: Ehrlich gesagt, über dieses Thema jetzt nicht weiterreden zu müssen.

TH.: Und welches *Gefühl* haben Sie jetzt?

KL. (schweigt lange, dann): Ich spüre Müdigkeit in mir, auch Niedergeschlagenheit.

TH.: Noch ein anderes Gefühl?

KL. (nach einigem Nachdenken): Da ist auch ein gewisser Zorn.

TH.: Zorn? Auf wen?

KL.: Auf diese verdammten Sachzwänge!

TH. schweigt.

KL. (ereifert sich): Ja, man kommt da einfach nicht heraus.

TH. schweigt wieder. Dann: Zorn auf sich selbst verspüren Sie nicht?

Kl.: Ich fühle mich eher hilflos, weiß nicht, wie ich aus der Mühle herauskommen soll.

TH.: Ob Sie wieder einmal die Augen schließen?

In welchem Teil Ihres Körpers spüren Sie die Hilflosigkeit? (KL. kennt die wertorientierte Imagination.)

KL.: In der Brust. Ich spüre einen Panzer um die Brust herum.

TH.: Mögen Sie in die Brust hineinsehen?

KL.: (nach einer Weile): Da sehe ich einen Raum, in dem viele Blitze in verschiedenen Farben irgendetwas treffen.

TH.: Von woher kommen die Blitze?

KL.: Von allen Seiten. Halt! Da sehe ich Schilder über den Löchern, aus denen die Blitze kommen ...

TH.: Können Sie die Schilder lesen?

KL.: Da steht: Information ... Wirtschaft ... Korrespondenz ... Geld ... Konkurrenz ... On-line ... Innovation ... Da steht noch viel mehr.

Schweigen.

TH.: Vielleicht gehen Sie jetzt etwas näher an den Treff-Punkt heran.

KL.: Da steht eine Gestalt ... Das bin ja ich! ... Die Gestalt ist ganz abgemagert. Sie wehrt sich verzweifelt gegen die Blitze.

TH.: Wie wirkt das Gesicht?

KL.: Sieht gar nicht gut aus. Der Mann scheint Angst zu haben.

TH.: Der Mann?

KL.: Ich.

TH.: Was empfinden Sie, wenn Sie sich so sehen?

KL.: Zorn! Unbändigen Zorn! Wie kann der sich das gefallen lassen?

TH.: Der (Mann)?

KL.: Ja, ich. Wie kann ich mir das gefallen lassen?

Schweigen.

TH.: Sie empfinden nur Zorn?

KL.: Auch Mitgefühl. Ich muß ihm, ich muß mir helfen. Ja, ich muß mir helfen.

Der Klient war erschüttert. Er hatte sich von einer ihm nicht bewußt gewordenen Seite kennengelernt, die ihn zutiefst betroffen machte. Er zweifelte nicht an der inneren Wahrheit der Bilder, die seine Seele ihm gezeigt hatte. Noch lange nach dieser kleinen Imagination schwieg er. Er brauchte keinen Trost. Es schien ihm wichtig, das *neu* Gefühlte zunächst nur auf sich wirken zu lassen.

In der nächsten Sitzung kam er sogleich auf das letzte Gespräch zu sprechen. Während der Woche war er sehr unruhig gewesen. Wut auf sich und Wut auf mich hatten sich abgewechselt. Alpträume hatten ihn „gequält".

KL.: Es ist viel in Bewegung gekommen. So wie bisher kann ich nicht weitermachen. Das ist klar. Nicht klar ist jedoch, wie ich das alles bewerkstelligen soll.

TH.: Das alles?

KL.: Ich weiß nicht, was ich von den bisherigen Aktivitäten streichen soll und was nicht.

TH.: Sie wissen, daß ich Ihnen *dabei* nicht helfen kann. Sie selbst haben tatsächlich *keine* Ideen?

KL.: Ideen schon. Nur: Dann müßte ich meine Firma verkleinern.

TH.: Und das würde die Firma nicht verkraften ...

KL.: Die Firma schon. Wir sind ein gesunder Betrieb. Doch ob *ich* die Verkleinerung verkraften könnte – dessen bin ich mir noch nicht so sicher.

TH. Schweigt. (Dann, herausfordernd): Sie sind sich nicht sicher, ob Sie den Traum und die Imagination *ernstnehmen* sollen?

KL.: Doch, schon. Ganz bestimmt sogar. Sonst wäre es mir in dieser Woche ja nicht so schlecht ergangen.

TH.(vorschnell): Aber noch nicht so schlecht, daß Sie jetzt zu Konsequenzen bereit wären. (Dann, nach einiger Zeit): Was ist denn für Sie die *Hauptsache* in Ihrem Leben?

KL. (nach längerer Überlegung): Im Augenblick noch der Beruf.

TH.: Noch?

KL.: Ja, denn die Woche – ich sag das mal so (das Wort auszusprechen war ihm offensichtlich peinlich) – hat nicht nur Aufruhr gebracht. Da brach auch zwischendurch diese Sehnsucht nach einem anderen Leben wieder auf.

TH.: Die Sehnsucht nach dem, was Sie in Ihrer Traum-Heide erlebt haben?

KL.: Ja, und nach vielem mehr ... nach Menschen, nach einer Frau, mit der ich zusammenleben könnte, nach Zeit, nach viel Zeit, nach all dem, was ich immer schon tun wollte und nie getan habe.

TH.: Wie wäre das, wenn Sie Zeit, mehr Zeit, vielleicht sogar viel mehr Zeit hätten als bisher? Schließen Sie doch einmal die Augen. Was kommt Ihnen, wenn Sie diese Frage auf sich wirken lassen? Sortieren Sie die Einfälle nicht, lassen Sie sie nur kommen.

KL.(läßt sich Zeit, um sich auf die Frage einstellen zu können, dann): Ich würde häufiger ins Kino gehen (er lächelt vor sich hin). Ich würde länger schlafen. Ich würde mir den Feierabend freihalten. Ich würde endlich malen. Ich würde manchmal ins Theater gehen. Ich würde manchmal abends gar nichts tun. Mal sehen, was dabei herauskäme. Ich würde Freunde besuchen, ach ja, Freunde besuchen. Sie auch einladen. Ich würde wieder lesen. Ich würde mich manchmal in meinen Sessel setzen und einfach nur nachdenken. Vielleicht würde ich auch noch Saxophon lernen. Das ist ein Jugendtraum von mir (lächelt wieder vor sich hin). Vielleicht hätte ich dann ja auch eine Partnerin, mit der ich mich einfach nur unterhielte. Na ja, ich würde viel häufiger in die Natur gehen ...

Kl. schweigt längere Zeit, öffnet die Augen und sieht sehr entspannt aus. Dann: Ja, ja, das wär's.

150

TH.: *Was* wäre das?

KL.: Leben, richtiges Leben.

Der Klient war berührt wie selten in unseren Gesprächen. Er suchte nicht nach Wenn- und Aber-Sätzen. Er war erfüllt von Möglichkeiten, die er nicht utopisch nennen mußte. Doch noch eine andere (wertvolle) Regung äußerte er: Er spürte auch Traurigkeit, weil viel ungelebtes Leben hinter ihm zu liegen schien.

In der folgenden Sitzung berichtete er erstaunliche Dinge. Er hatte sich mit den engsten Mitarbeitern zusammengesetzt und ihnen erste Überlegungen vorgestellt, in welchem Umfang und auf welche Weise er seine Aktivitäten reduzieren wollte. Die Reaktionen der anderen hatten ihn verblüfft. Sie waren nicht entsetzt gewesen. Sie hatten auch nicht gleichgültig reagiert. Sie hatten sich mit ihm über sein neues, *dieses* Mal nicht leistungsbezogene Vorhaben gefreut. Schon oft hatten sie ihn dezent zu „bremsen" versucht, doch stets ohne Erfolg. Erstaunt war er auch darüber gewesen, welche Ideen sie für *ihn* entwickelt hatten.

Sie hatten beieinander gesessen, wie es in der Firma selten möglich gewesen war. Und ihm, dem Chef, war auch nicht entgangen, daß die Mitarbeiter keineswegs nur mit ihm und seinen Neuerungen beschäftigt gewesen waren. Es schien ihm, als wären auch sie *selbst* nachdenklich geworden.

KL.: Und wenn die Firma einmal nicht mehr so gut dasteht wie zur Zeit?

TH.: Was dann zu tun ist, werden Sie besser wissen als ich.

KL.: Aber dieser Gedanke macht mir Sorge!

TH.(herausfordernd): Die Sorge haben Sie *jetzt*. Der Gegenstand der Sorge liegt in der *Zukunft*.

KL.: Aber die Erfahrung zeigt doch, wie rasch sich die Verhältnisse in der Wirtschaft ändern können.

TH.: Wäre Ihr *Glück* davon abhängig, ob die Firma floriert oder nicht?

KL. (wehrt ab): Verzeihen Sie, man merkt, daß Sie von Wirtschaft nicht viel verstehen.

TH.: Das stimmt. Die kennen Sie besser als ich. Ich frage Sie nur, ob Sie Ihr *Lebensgefühl* vom Wohl und Wehe Ihres wirtschaftlichen Erfolges abhängig machen?

KL. (bissig): Was wäre denn, wenn *Sie* nicht genug zu tun hätten?

TH.: Sie haben recht, das würde mich auch beunruhigen. Doch weil das heute nicht so ist, verschwende ich – so gut es geht – heute nur wenige Gedanken daran.

KL.: Ist Ihre Sorglosigkeit nicht leichtfertig?

TH.: Ein solches Kompliment habe ich lange nicht mehr gehört. Daß ich mit *dieser* Sorge leicht fertig werde, ist für mich – wenn es denn so sein sollte – tatsächlich ein sehr schöner Gedanke.

KL. (leicht verblüfft, nach einigem Nachdenken): Sie wollen sagen: Es reicht, sich vor allem um die Gegenwart zu sorgen? So denkt man in *unseren* Kreisen nicht! Wie kriegt man das dann hin?

TH.: Das hat weniger mit „machen", das hat mehr mit „vertrauen", mit Vertrauen ins Leben zu tun. Darüber sollten wir demnächst lange reden ...

KL.: Und wenn die Sorge trotzdem kommt? Man steckt doch so tief drin in diesem üblichen Denken ...

TH.: Wenn ich *anders* leben will, muß ich auch anders zu fühlen und denken lernen. Und um zu erfahren, *ob* ich anders denke und fühle, hilft die Leitfrage: Ist das, was für mich als *Hauptsache* im Leben gelten soll, das, was ich auch hauptsächlich *lebe?*

KL.: Und das, was mir der Traum gesagt hat, ist für mich die Hauptsache?

TH. (lacht): Das weiß ich doch nicht! Wie könnte ich das

für *Sie* wissen? Ihr Leben ist doch nicht mein Leben ... Die Frage nach dem, was Sie hauptsächlich leben wollen, müssen Sie schon selbst beantworten.

KL.: Am liebsten möchte ich beides: Erfolg im Beruf und das andere Leben.

TH.: Und Sie glauben, das eine ließe sich nicht mit dem anderen verbinden? Merken Sie etwas? ... Sie haben sich so sehr an Ihr einseitiges Dasein gewöhnt, daß Sie sich kaum noch vorstellen können, *beides* leben zu können: den Beruf *und* vieles von dem, was Sie tun würden, wenn Sie mehr Zeit hätten.

KL. (heiter): Da kommt ja Frohsinn auf. (Dann, wieder nachdenklich): Ich fange an, etwas ganz Wichtiges zu begreifen.

TH.: Was denn?

KL.: Daß mein einseitiges Leben ein ziemlich armes Leben ist, das ich nicht einmal beklagen darf, weil's kein Schicksal ist.

TH.: Sind Sie jetzt nicht ein bißchen zu hart gegen sich?

KL. (lacht): Bringen Sie mich nur nicht von meinem neuen Weg ab. Ich fange doch gerade an, mein Lied wiederzufinden.

Ich hab das Lied in mir

IMAGINATION EINER FRAU ZUM „ORT DER INNEREN MUSIK"

Ich fand mich in der wunderschönen Landschaft von Burgund vor. Ich schaute auf einen warmen Sonnenuntergang.

Ich hörte die Glocken läuten. Alles um mich herum versank.

Aus der Sonne heraus entwickelte sich ein regenbogenfarbener Wirbel, der auf mich zukam. Aus dem Farbwirbel wehte Panflötenmusik zu mir herüber.

Ich hörte zwei Stücke: „Ich habe dich bei deinem Namen gerufen" heißt das eine (dieses Stück gibt es in der Realität nicht), das andere: „Stille hüllt mich ein."

Während der letzten Musik umschloß mich der farbige Wirbel. Ich war in seiner Mitte. Der Wirbel drehte sich weiter, so daß das Lied von allen Seiten erklang.

Ich spürte ein Prickeln in meinem ganzen Körper. Ich verlor jedes Zeitgefühl.

Als die letzten Töne verklangen, löste sich der Wirbel auf. Die Sonne ging unter.

Nur ein sanftes Licht war noch da.

Ich war ganz von Stille eingehüllt.

Ich hatte das Gefühl: Diese Stille ist der allumfassende Ton.

Ich hab die Stille in mir

IMAGINATION EINER FRAU ZUM
„ORT DER INNEREN STILLE"

Ich ließ mich in einer schönen Blüte nieder.
Nach einiger Zeit hörte ich den Herzrhythmus der Blume.
Ich staunte: Ihr Rhythmus war kein anderer als der meines eigenen Herzens.

Ich wandte mich der mild scheinenden Sonne zu.
Ich hörte, daß auch der Rhythmus des Sonnenherzens sich nicht von dem der Blume und meinem eigenen unterschied.

Beglückt lag ich da und hörte und hörte in das pulsierende Leben hinein.

Einige Zeit später hörte ich von ferne das Rauschen des Meeres. Seine Schwingungen waren mir schon vertraut. Denn auch das Herz des Meeres hatte keinen anderen Rhythmus als das der Sonne, der Blume und meines eigenen.

Lange blieb ich in meiner Blüte liegen
und fühlte mich mit dem ganzen Leben eins.

Psychotherapie

Verena Kast
Vom Sinn der Angst
Wie Ängste sich festsetzen und wie sie sich verwandeln lassen
224 Seiten, Klappenbroschur
ISBN 3-451-26151-0

Gerhard Zarbock
Heilen durch Erfahrung
Einführung in die integrative Verhaltenstherapie –
Grundlagen und Anwendungen
160 Seiten, Klappenbroschur
ISBN 3-451-23785-3

Edith Zundel/Pieter Loomans
Im Energiekreis des Lebendigen
Körperarbeit und spirituelle Erfahrung
336 Seiten, Paperback
ISBN 3-451-23698-2

Petruska Clarkson
Transaktionsanalytische Psychotherapie
Grundlagen und Anwendung – Das Handbuch für die Praxis
448 Seiten, Paperback
ISBN 3-451-23781-4

Ian Stewart/Vann Joines
Die Transaktionsanalyse
Eine neue Einführung in die TA.
Mit zahlreichen Abbildungen, Übungen und Hinweisen.
456 Seiten, gebunden
ISBN 3-451-21808-9

HERDER

Kinder verstehen

Helen I. Bachmann
Kinderfreundschaften – Start ins Leben
92 Seiten, Klappenbroschur
ISBN 3-451-23572-2

Patricia H. Berne/Louis M. Savary
Kinder brauchen Selbstvertrauen
Tips und Ratschläge für Eltern
Aus dem Amerikanischen von Peter Brandenburg
160 Seiten, Klappenbroschur
ISBN 3-451-23752-0

Gisela Preuschoff
Kinder zur Stille führen
Meditative Spiele, Geschichten und Übungen
160 Seiten, Klappenbroschur
ISBN 3-451-23897-7

Armin Krenz
Was Kinderzeichnungen erzählen
Kinder in ihrer Bildsprache verstehen
mit 8 Farbtafeln
und zahlreichen s/w Abbildungen
192 Seiten, Klappenbroschur
ISBN 3-451-23695-8

Daniela Liebich
Mit Kindern richtig reden
Wirksam erzählen, ermahnen, erklären
160 Seiten, Klappenbroschur
ISBN 3-451-26155-3

HERDER

Leben in der Familie

Cordelia Alber-Klein / Regina Hornberger
Das Bach-Blütenbuch für die Familie
Kinder und Eltern entdecken sich selbst
Mit Farbabbildungen der 38 Bach-Blüten
160 Seiten, Klappenbroschur
ISBN 3-451-23787-3

Norbert Gürtler/Doro Kammerer
Stillwerden und entspannen
Vorlesegeschichten zum autogenen Training für Kinder
128 Seiten, Paperback
ISBN 3-451-23638-9

Gertrud Kaufmann-Huber
Kinder brauchen Rituale
Ein Leitfaden für Eltern und Erziehende
160 Seiten, Paperback
ISBN 3-451-23574-9

Karin Lichtenauer
Mütter sind ganz besondere Frauen
Für alle Muttertage des Jahres
Hrsg. von Karin Lichtenauer
160 Seiten, gebunden
ISBN 3-451-23639-7

Werner Knubben/Thomas Knubben
Ein Vater, wie er im Buche steht
Entdeckungen für junge Väter
Hrsg. von Thomas Knubben und Werner Knubben
160 Seiten, gebunden mit Schutzumschlag
ISBN 3-451-23755-5

HERDER

Sterbende begleiten – Trauer bewältigen

Lis Bickel / Daniela Tausch-Flammer
Wenn ein Mensch gestorben ist – wie gehen wir mit dem Toten um
Anregungen und Hilfen
224 Seiten, Klappenbroschur
ISBN 3-451-23693-1

Anne Hosansky
Wege durch das Land der Trauer
Eine Frau findet nach dem Tod ihres Mannes neue Lebens-
möglichkeiten
224 Seiten, Klappenbroschur
ISBN 3-451-23955-8

Daniela Tausch-Flammer
Sterbenden nahe sein
Was können wir noch tun?
192 Seiten, Paperback
ISBN 3-451-23097-6

Daniela Tausch-Flammer/Lis Bickel
Wenn Kinder nach dem Sterben fragen
Ein Begleitbuch für Kinder, Eltern und Erzieher
176 Seiten, Paperback
ISBN 3-451-23141-7

Stephen Levine
Sich öffnen ins Leben
Begegnungen und Gespräche mit Schwerkranken, Sterbenden
und Trauernden. Wie wir behutsam begleiten können
246 Seiten, Klappenbroschur
ISBN 3-451-26134-0

HERDER

Partnerschaft und Ehe

Wolf Jordan
Die Eifersuchtsfalle
Neues Vertrauen und Selbstsicherheit finden
160 Seiten, Klappenbroschur
ISBN 3-451-23571-4

Gerhard Lenz/Gisela Osterhold/Heiner Ellebracht
Erstarrte Beziehung – Heilendes Chaos
Einführung in die systemische Paartherapie und -beratung
224 Seiten, Paperback
ISBN 3-451-23756-3

Ernst A. Stadter
Ich will dir sagen, was ich fühle
Wie Beziehungen gelingen
256 Seiten, Klappenbroschur
ISBN 3-451-23899-3

Ernst A. Stadter
Wenn du wüßtest, was ich fühle...
Einführung in die Beziehungstherapie
356 Seiten, gebunden
ISBN 3-451-22585-9

Prisca Gloor Maung
Mediation – Wie wir uns einigen, wenn wir uns trennen
Ein Scheidungs-Ratgeber
160 Seiten, Klappenbroschur
ISBN 3-451-23959-0

HERDER